U0499141

经济政策不确定性对经济周期波动的影响研究

张喜艳　著

中国财经出版传媒集团

经济科学出版社
Economic Science Press

·北 京·

图书在版编目（CIP）数据

经济政策不确定性对经济周期波动的影响研究／张
喜艳著 . -- 北京 ： 经济科学出版社，2024. 9. -- ISBN
978 - 7 - 5218 - 6370 - 3

Ⅰ. F014. 8

中国国家版本馆 CIP 数据核字第 2024P3A163 号

责任编辑：谭志军
责任校对：王苗苗　郑淑艳
责任印制：范　艳

经济政策不确定性对经济周期波动的影响研究

张喜艳　著

经济科学出版社出版、发行　新华书店经销

社址：北京市海淀区阜成路甲 28 号　邮编：100142

总编部电话：010 - 88191217　发行部电话：010 - 88191522

网址：www. esp. com. cn

电子邮箱：esp@ esp. com. cn

天猫网店：经济科学出版社旗舰店

网址：http：//jjkxcbs. tmall. com

北京季蜂印刷有限公司印装

710 × 1000　16 开　12.75 印张　200000 字

2024 年 9 月第 1 版　2024 年 9 月第 1 次印刷

ISBN 978 - 7 - 5218 - 6370 - 3　定价：58.00 元

（图书出现印装问题，本社负责调换。电话：010 - 88191545）

（版权所有　侵权必究　打击盗版　举报热线：010 - 88191661

QQ：2242791300　营销中心电话：010 - 88191537

电子邮箱：dbts@ esp. com. cn）

前言 | Preface

新冠疫情突袭，中美贸易摩擦加剧，贸易保护主义抬头，逆全球化兴起，地缘政治冲突升级，局部动荡复杂多变，世界正处于大发展大变革大调整时期，世界多极化、社会信息化、文化多样化深入发展，世界面临的不稳定性不确定性突出。经济政策不确定性逐渐成为不确定性的主要表现形式，其对宏观经济的影响，引起了研究学者与政策制定者的高度关注与重视。

经济周期波动是宏观经济领域永恒的话题，减缓经济周期波动，推动人类经济平稳、持续、健康发展，是我们追求的重要目标之一。在此背景下，从经济政策不确定性的视角，研究其对经济周期波动的影响，寻找平抑各国经济周期波动的良方提供新思路，为推动全球经济复苏，形成融合、包容、多元的世界经济格局提供经验支撑。

2023 年，中央经济工作会议指出"稳预期、稳增长、稳就业"，与以往的"稳增长、稳就业、稳物价"有所不同，其中"稳预期"替代"稳物价"且居于"新三稳"之首。由此可见，预期不稳所带来的经济政策不确定性，极大扰乱了经济发展的内外部环境，损害了国内外经济的平稳、健康、持续发展。

现阶段我国经济正处于疫情后恢复过程中，然而新旧动能转换存在阵痛，经济增长新动能尚未成气候，有效需求不足、消费降级明显，部分行业产能难消化，结构性矛盾突出，经济运行出现分化，社会公众预期保守、悲观，国内国际双循环不畅通，美国对华为、中兴、字节跳动、腾讯等高科技企业实施打压，极大提升了我国外源性经济政策不确定性输入风险。推动经济恢复不能急躁，要稳扎稳打，充分利用国内外一切有利的机会窗口与资源条件，稳定社会公众预期，提振信心，以内部工作的确定性应对外部形势变化的不确定性。

经济政策不确定性存在明显的溢出效应。然而，经济政策不确定性的溢出方向和大小具体如何，经济政策不确定性对经济周期波动的影响是否存在异质性，国内外传导机理分别如何，经济政策不确定性差异对国际经济周期协同的影响如何，对这些问题的回答，正是推动我国经济高质量发展的重要关切之一。

经济政策不确定性主要通过实物期权效应、金融摩擦效应、预防性储蓄效应等改变经济行为主体的预期，从而影响其经济决策，导致消费需求、投资需求的波动，最终影响国内经济周期波动。与此同时，经济政策不确定性可通过影响本国开放经济部门，进而通过进出口贸易传导至国外开放经济部门，再通过产业链扩散波及国外非开放经济部门，同时加上经济政策不确定性的溢出效应，影响到国外经济政策不确定性水平，在国内外经济政策不确定性的双重夹击下，产生明显的乘数效应，经济政策不确定性对经济周期波动的影响后果更为严重。

近五年全球经济政策不确定性指数大起大落，波动频率和波动幅度远超历史水平，我们面临着日益严峻的不确定性难题。整体而言，美日英等主要发达国家的经济政策不确定性呈现明显趋同，联动效应显著。金砖国家的经济政策不确定性水平远高于美英日等发达国家，发展中国家对风险和不确定性的抵抗能力整体上不如发达国家。采用 HP 滤波法提取周期性成分，全球经济周期的波谷深度远大于波峰，呈现明显的"陡降缓升"特征，经济由繁荣转为衰退的收缩阶段较为急促，由衰退转为繁荣的扩张阶段较为缓慢。

经济政策不确定性的溢出效应主要体现为波动溢出形式，测度得到的总体溢出指数为 48.09%，美国对其他成员的溢出效应最大，中国对其他成员的溢出效应高于来自其他成员的溢出效应。经济政策不确定性溢出效应呈现出明显的时变性，发达国家的整体溢出效应明显强于发展中国家，该溢出效应可能对突发的大事件较为敏感，而对于可预期的世界大事则较为迟钝。世界主要经济体的经济周期波动对美国经济政策不确定性主要体现为长期的负向响应，个别国家存在明显的正向响应，但持续时间很短暂。与主要发达国家（地区）相比，金砖国家和新钻国家等发展中国家对美国经济政策不确定性冲击的响应速度更快，响应幅度更大，波动程度更剧烈。

经济周期协同作为经济周期的主要特征之一，它是共同执行国际货币政策的先决条件。经济政策不确定性差异主要通过改变投资、贸易的流动方向，从而影响两国之间的经济周期协同。经济政策不确定性差异对经济周期协同和双边贸易具有显著负向影响，对双边直接投资强度具有显著正向影响，通过贸易渠道和投资渠道对经济周期协同的间接影响为正。

经济政策不确定性连年攀升是人类共同面临的严峻难题，导致各类经济政策的实施效果大打折扣，同时扰乱公众预期，损害经济系统的平稳运行。特别是经济政策不确定性溢出效应的存在，具有极强的"传染性"，其宏观经济影响后果易于从一国蔓延至另一国，导致"一损俱损"的局面出现。因此，我们没有理由不对经济政策不确定性和经济周期波动的相关理论进行深入研究。笔者从2015年就开始关注不确定性相关问题且进行了相应研究，随后陆续发表了系列学术论文。

本书完成之际需要特别感谢博士生导师陈乐一教授的指导，感谢杨云师兄、张丹师姐等同门师兄弟姐妹的帮助，感谢广东金融学院对本书出版的支持，感谢经济科学出版社的大力支持。由于时间仓促，水平有限，书中纰漏之处在所难免，还请各位专家、读者批评指正。

张喜艳

2024 年 9 月 10 日

目录
Contents

第1章 绪 论

1.1 选题背景及意义

1.1.1 选题背景

2008 年国际金融危机爆发之后，世界经济复苏缓慢，国际贸易与跨国投资增长低迷，欧洲主权债务危机、中美贸易谈判、新冠疫情暴发、俄乌冲突等大事频发，国际政策协调难度加大，地缘政治风险骤增，不稳定因素增加，全球不确定性程度节节攀升。美国联邦公开市场委员会和国际货币基金组织分别在 2009 年、2012 年的报告中指出，美国和欧洲的财政、监管及货币政策的不确定性导致 2008~2009 年经济的急剧衰退，并阻碍了随后的经济复苏。2007~2023 年，全球 GDP 年均增长率仅为 2.55%[①]，在 2020 年甚至出现负增长，增长率为 -2.9%，外商直接投资占 GDP 的比重、最终消费支出年均增长率均呈现明显下滑态势。从 2012 年开始，国际贸易增长率大幅缩水，2015 年转正为负，约为 -12.8%，呈现明显的逆全球化趋势，这无疑使原本举步维艰的世界经济雪上加霜。为了帮助经济尽快从国际金融危机的阴霾中走出来，很多学者和政策制定者开始关注政策不确定性对宏观经济的重要影响。

经济政策不确定性是指经济行为主体不能确切预知有关政府是否、何

---

① 根据 WDI 数据库中的数据整理计算所得，下同。

时以及如何改变现行经济政策（Gulen & Ion，2016），并由此产生的不能预先计算与评估的风险。根据贝克等（Baker et al.，2016）的测算，国际金融危机之后，全球经济政策不确定性水平大幅上升，特别是2017年1月创历史新高，达283.2①（见图1.1）。回顾近三年的全球经济政策不确定性指数值，最显著的特征是大起大落，波动幅度和波动频率远超历史水平，世界经济面临着日益严峻的经济政策不确定性难题。值得注意的是，这些波峰之处，正是世界大事发生之时，比如亚洲和俄罗斯金融危机、"9·11"事件、第二次海湾战争、国际金融危机、欧元区危机、世界主要经济体领导人换届选举等。显而易见，一国国内的政治活动、军事活动、经济危机等，加剧了全球经济政策不确定性程度，并容易在国与国之间蔓延肆虐，导致"一损俱损"的后果，甚至演变成全球性的经济危机，使世界经济陷入衰退的泥潭。

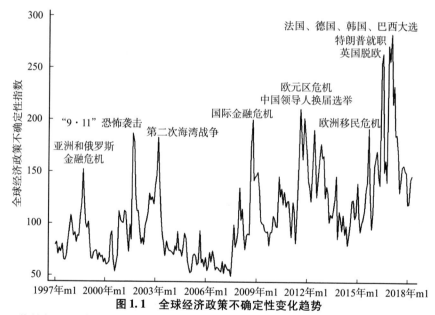

图1.1 全球经济政策不确定性变化趋势

资料来源：经济政策不确定性网站：http：//www.policyuncertainty.com/index.html，参考Baker et al.（2016）绘制而成。

---

① 基于GDP现价测度的全球经济政策不确定性指数，来源于经济政策不确定性网站，网址为：http：//www.policyuncertainty.com/index.html。

鉴于目前世界经济发展状况，G20 集团各国首脑意识到必须开启从危机应对型治理向长效型全球治理转变。然而，全球治理的实现依赖于国际政策协调，要减少国际合作的摩擦与冲突，需各国经济波动在时间、方向与幅度上基本一致，要真正实现"相互合作，互利共赢"的局面，需要我们认清经济政策不确定性影响经济波动的内在机理以及世界经济周期协同情况，从中寻找保持世界经济可持续发展的路径。

习近平主席在 2016 年 G20 领导人峰会上提出"希望推动各方共同创建创新、活力、联动、包容的世界经济"。毫无疑问，好的"联动"有利于国际贸易和投资，充分发挥其对经济增长的推动作用，而不好的"联动"，譬如高度经济政策不确定性在各国之间蔓延肆虐，损害人们对未来经济发展的信心，导致经济增长停滞，甚至演变成全球性的经济危机。党的二十大报告指出：世纪疫情影响深远，逆全球化思潮抬头，单边主义、保护主义明显上升，世界经济复苏乏力，局部冲突和动荡频发，全球性问题加剧，世界进入新的动荡变革期。我国发展进入战略机遇和风险挑战并存、不确定难预料因素增多的时期，各种"黑天鹅"、"灰犀牛"事件随时可能发生。由此可见，不确定性加剧不仅是某一个国家或某一个地区的问题，而是全球人类共同面临的难题。经济政策不确定性作为不确定性的特定表现形式，对本国与其他国家的宏观经济均产生了不可忽视的影响。

1.1.2 选题意义

就目前而言，经济政策不确定性的来源多样化，财政政策、货币政策、监管政策等的变动与调整，专家对经济预测的差异程度，国家政治选举、军事活动、经济危机等大事件，均可成为滋生不确定性的温床。经济政策不确定性的水平值、波动值、相对值对宏观经济的影响可能存在差异。从某种程度上来说，经济政策不确定性对宏观经济波动的影响已经打破国界，使它们之间因果关系的识别更加扑朔迷离。全面厘清二者之间这种错综复杂的关系，有利于我们寻找推动世界经济发展的良方，以共同应对经济危机，减少国际合作的摩擦与冲突，促进经济周期协同，平抑经济波动，进一步推动各国经济健康、持续、平稳发展。推动经济高质量发展，保持经济平稳持续增长是人民实现美好生活的重要经济基础。因此，本书具有重要的理论与实践意义。

1.1.2.1 理论意义

随着国际交往的深入与发展，经济政策不确定性的宏观经济影响后果越来越严重，对经济周期波动产生了重要影响。经济政策不确定性本身存在异质性，比较不同类别的不确定性影响后果，有助于我们充分认清其内在本质，找出金融危机后世界经济复苏缓慢的根源，针对性地寻找降低不确定性程度的措施，稳定预期，为减缓经济周期波动提供理论依据。

经济政策不确定性的溢出效应，使得其对经济周期波动的影响范围更加广泛。世界各国在贸易、投资、金融等方面的经济往来日益频繁，经济政策不确定性不仅影响一国国内经济，还会通过溢出效应影响其他国家的经济发展。本选题聚焦于经济政策不确定性，从国内传导和国际传导两个维度剖析其对经济周期波动的影响，并对其溢出效应的方向与大小进行深入探讨，有利于我们全面系统地把握传导机理，有助于评估其综合影响效果，可进一步丰富不确定性相关理论。

1.1.2.2 实践意义

应对不确定性，稳定预期，加强经济周期协同，减少摩擦与冲突，是推动世界经济复苏的有效途径。美国次贷危机引发国际金融危机，导致全球经济衰退，加剧了全球经济周期波动，并间接触发了欧洲主权债务危机，进一步加深了全球经济政策不确定性程度。经济政策不确定性与经济周期波动之间存在一个不利的反馈循环，即经济政策不确定性是内生的，这增加了治理经济政策不确定性的难度。本书将考虑经济政策不确定性内生性问题，不仅研究其对经济周期波动的影响，还将对经济周期协同进行相应探讨，为世界经济组织或集团共同制定有效的货币政策或财政政策，应对经济危机，实现"相互合作，互利共赢"，推动世界经济复苏提供理论指导与政策建议。

1.2 研究思路与主要内容

1.2.1 研究思路

本书基于已有研究成果，按照"理论剖析→特征事实分析→实证论证→政策建议"这一思路展开研究。我们将经济政策不确定性的预防性储蓄效应看作对边际消费倾向的冲击，将金融摩擦效应与实物期权效应看作投资的利率弹性的冲击，构建封闭经济条件和开放经济条件两种情形下的宏观经济模型，并阐述经济政策不确定性影响经济周期波动的国内传导过程和国际传导过程，选用世界主要经济体的面板数据，多层次、多角度实证论证经济政策不确定性对经济周期波动的影响。

第一步，寻找理论基础支撑，基于已有研究成果，理论推导经济政策不确定性对经济周期波动的影响，厘清其国内外传导机理，为后面的实证分析提供理论依据。

第二步，基于现实数据，分别剖析世界范围内的经济政策不确定性和经济周期波动的特征，初步统计分析二者之间的相关性，为后面的实证论证提供现实依据。

第三步，基于前文的理论和现实依据，构建相应的实证模型，分别论证经济政策不确定性影响经济周期波动的国内传导和国际传导过程，并对经济政策不确定性的异质性影响效果及其溢出效应的大小和方向进行了细致剖析与比较。

第四步，为了更深入细致把握经济政策不确定性对世界经济的影响，还从经济政策不确定性差异的视角，探讨了其对国际经济周期协同的影响，为世界经济组织或集团制定有效的经济政策，应对经济危机提供经验支撑。

第五步，根据本书的研究结论，提出推动世界经济协调发展，减缓经济周期波动的政策建议。

为了更好地呈现本书的基本研究思路，将其绘制成图，具体内容如图 1.2 所示。

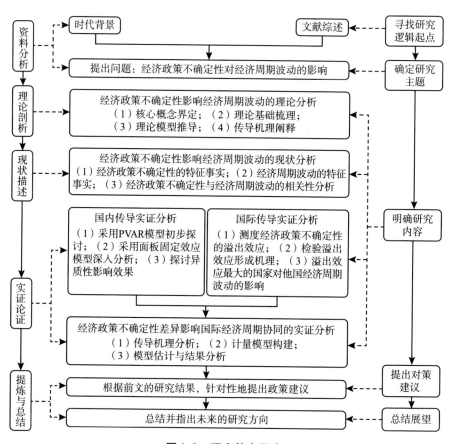

图 1.2 研究基本思路

1.2.2 研究内容

经济政策不确定性影响经济周期波动的研究，主要包含：经济政策不确定性影响经济周期波动的国内传导和国际传导的机理分别如何，该影响是否会因经济发展水平、经济政策不确定性的类别及经济周期阶段的不同而存在差异，经济政策不确定性溢出效应的方向和大小分别如何，它的相对值，即经济政策不确定性差异，对国际经济周期协同的影响如何等内容。具体而言，全书共包含 8 章，具体内容如下所示。

第 1 章为绪论，主要分析选题的研究背景及意义、研究思路、主要内容、研究方法和主要创新点，是对全书风貌的整体勾勒。

第 2 章为文献综述，从经济不确定性的识别、经济不确定性影响经济波动的传导机理、经济不确定性影响经济波动的实证研究、经济政策不确定性的溢出效应等角度系统综述了国内外已有研究，归纳出了已有研究的不足之处，并找到了本选题的研究起点。

第 3 章为理论分析，界定核心概念，梳理理论基础，将经济政策不确定性的预防性储蓄效应、金融摩擦效应、实物期权效应纳入宏观经济模型中，比较分析封闭经济条件和开放经济条件两种情形下，经济政策不确定性影响经济周期波动的差异，并进一步细致阐述其国内传导过程和国际传导过程。

第 4 章为现状分析，选用合适的方法分别测度经济政策不确定性和经济波动，基于现实数据，从世界经济、主要发达国家、金砖国家等角度，描述二者的事实特征，并利用统计分析方法，初步探讨二者之间的相关性。

第 5 章为国内传导的实证论证，利用 PVAR 模型对经济政策不确定性影响经济周期波动的国内传导进行初步探讨，采用包含经济政策不确定性滞后项的固定面板模型，减轻模型内生性，深入分析经济政策不确定性的影响大小，从不同经济发达水平、不同经济周期阶段、不同经济政策不确定性类别，进一步探索其异质性影响效果。

第 6 章为国际传导的实证论证，利用广义预测误差方差分解思想，定量分析经济政策不确定性的溢出效应，并对其形成机理进行初步探讨，根据溢出效应测度结果，选择溢出效应最大的国家，利用 GVAR 模型，分析其经济政策不确定性对他国经济周期波动的影响，并比较了主要发达国家（地区）、金砖国家和新钻国家之间的差异。

第 7 章为经济政策不确定性差异影响经济周期协同的实证论证，阐述了经济政策不确定性相对值影响国际经济周期协同的传导机理，利用联立方程模型进行实证论证，定量剖析了它的直接影响效果和间接影响效果。

第 8 章为政策建议，根据研究结论，针对性地提出相关政策建议。

最后一部分为结论，归纳总结本书的主要发现，并进一步提出未来可研究的方向。

1.3 研究方法与主要创新点

1.3.1 研究方法

本书从国内传导和国际传导两个视角剖析经济政策不确定性对经济周期波动的影响，主要采用了文献分析法、理论分析法、统计描述分析法、比较分析法、实证分析法等研究方法进行了细致论证，具体内容如下。

1.3.1.1 文献分析法

文献分析是本研究的前提，通过对国内外已有文献的梳理，吸收可用的研究成果，归纳已有研究的不足之处，找到本选题的逻辑起点，进一步拓展可创新的空间。

1.3.1.2　理论分析法

在研究伊始,我们要界定核心概念,确定研究对象,根据已有经济理论,采用数理推导的方法,按照封闭经济条件和开放经济条件两种情况,探讨经济政策不确定性与经济周期波动之间的关系,并细致阐述其国内传导和国际传导的机理。

1.3.1.3　统计描述分析法

经济学是一门经世致用的科学,在进行研究时,很有必要基于现实数据,统计描述分析相应研究对象的事实特征,从第一手资料中捕捉经济政策不确定性与经济周期波动二者可能存在的关系,为后续研究提供现实依据。

1.3.1.4　比较分析法

不同国家之间的经济制度、发达水平存在较大差异,经济政策不确定性对经济周期波动的影响可能因经济主体的异质性而有所不同。因此,很有必要针对不同的经济主体进行比较分析,在寻找共性的同时,也挖掘出各自的特性,以更全面深刻地认识经济政策不确定性的影响效果。

1.3.1.5　实证分析法

根据前文的理论分析和现状分析,构建合适的计量模型,采用相应的数据样本,测算经济政策不确定性的溢出效应大小与方向,估计经济政策不确定性影响经济周期波动的程度与方向,进一步佐证本书的理论构想。

1.3.2　主要创新点

整体而言,本书主要有三个方面的创新,分别是研究视角上的创新、理论分析上的创新、实证方法上的创新，具体内容如下所示。

（1）从研究视角上来看，本书从世界经济或者说跨国的角度，剖析经济政策不确定性对经济周期波动的影响，同时注重不同经济发达水平、不同经济周期阶段、不同经济政策不确定性类别等条件下该影响的异质性。进一步来看，本研究对经济政策不确定性的溢出效应进行了定量分析，初步探讨了一国经济政策不确定性对他国经济周期波动的影响。已有文献更多的是研究一国内部经济不确定性对宏观经济变量（如投资、汇率、消费等）的影响，从这一角度来看，本书为深入细致研究该主题开辟了新视野。

（2）从理论分析上来看，本选题比较分析了封闭经济条件下与开放经济条件下经济政策不确定性影响经济周期波动的内在机理的异同，系统阐述了经济政策不确定性影响经济周期波动的国内传导与国际传导过程。已有文献主要从实物期权机制、金融摩擦机制、预防性储蓄机制等阐述了经济不确定性影响宏观经济的传导机理。本选题丰富了不确定性的理论研究。

（3）从实证方法上来看，将广义向量自回归框架恰当运用于经济政策不确定性溢出效应的测算过程中，有效估计出了该溢出效应的大小与方向，这在国内学界比较少见。本书还采用全球向量自回归（GVAR）模型，将单一国家的时间序列数据与跨国面板数据结合起来，同时考虑国与国之间的贸易权重，对一国经济政策不确定性影响其他国家经济周期波动进行了积极有益的探索。为了寻求世界经济繁荣发展的良方，本书利用联立方程模型，进一步定量分析了经济政策不确定性差异对国际经济周期协同的直接影响、间接影响和综合影响。

第 2 章 经济政策不确定性影响经济周期波动的理论和实证研究综述[①]

早在 1921 年，奈特（Knight）在《风险、不确定性与利润》中就对风险与不确定性进行了区分，认为前者是可以被计算概率与期望值的不确定性，后者是不能被预先计算与评估的风险。1929～1933 年大萧条，波及主要资本主义国家，为了寻求摆脱大萧条的措施，凯恩斯潜心研究，出版了《就业、利息和货币通论》，明确指出企业家依据未来不可预料的程度而调整投资决策，即不确定性会影响经济主体的经济行为。20 世纪 70 年代初期，主要资本主义国家遭遇"滞胀"，全球经济陷入高度不确定性状态。2008 年，国际金融危机全面爆发，主要资本主义国家为了尽快走出经济衰退，纷纷调整政策组合，进一步加剧经济政策不确定性程度。随着国际经济依赖程度的加深，经济不确定性不仅影响一国国内宏观经济运行，而且蔓延至其他国家，产生明显的外溢效应，进一步扩大了其对宏观经济的负面影响。时至今日，与不确定性相关的研究仍处于稚嫩期，需要我们进一步探索经济不确定性的不同表现形式及其对国内外宏观经济产生的深远影响。这一主题之所以常见常新，主要有三个方面的原因：一是测度方法有新突破；二是影响后果日趋严重，是亟待解决的难题；三是研究方法有新进展。深入剖析经济政策不确定性对经济波动的影响，有助于提升我国宏观调控的科学性、针对性与预见性，

---

① 本章根据《经济不确定性与经济波动研究进展》（刊于《经济学动态》2018 年第 8 期）整理而成。

为深入推进供给侧结构性改革提供借鉴与指导。为了清楚把握该领域研究的发展脉络，本章将从经济不确定性的测度、影响经济波动的传导机制与实证研究等方面进行分析。

2.1 经济不确定性的识别

经济不确定性主要包含两大类，分别是实体经济不确定性、经济政策不确定性（Baker et al.，2016）。前者主要是指生产要素价格波动、产出波动、回报利润波动等来自实体经济层面的冲击所引发的未来经济发展不可预料的风险。后者是指经济行为主体不能确切预知政府有关部门是否、何时以及如何改变现行经济政策（Gulen & Ion，2016），并由此产生的不能预先计算与评估的风险。贝克等（2016）认为实体经济不确定性主要来自企业、产业、行业层面等实体经济层面，而经济政策不确定性主要产生于谁来做经济政策决策、采取什么样的经济政策行动以及政策经济效应何时起作用等政策调整过程中。经济不确定性是一个无法直接观测的变量，严格意义上来说，已有指标并非真实的变量，而只是代理变量。所选择的代理变量是否客观，直接关系到经济不确定性影响宏观经济波动的研究结论是否准确，甚至影响政策制定者调整政策应对不确定性的判断是否科学。下面将按照经济不确定性的类别，追本溯源全面呈现经济政策不确定性相关研究的发展脉络。

2.1.1 实体经济不确定性的测度

早期研究主要采用易于波动的经济变量来测度不确定性，如平迪克（Pindyck，1986）、德赖弗和莫顿（Driver & Moreton，1991，1992）、高柏（Goldberg，1993）分别以滞后的债券市场回报率、产出和通货膨胀的无条件方差、汇率波动性等作为不确定性的代理变量进行相关研究。

埃皮斯柯普（Episcopos，1995）在德赖弗和莫顿（1991，1992）的基础上加以改进，充分考虑过去及现有信息，利用 ARCH 模型估算通货膨胀、利率等宏观经济变量的条件方差以测度不确定性。普赖斯（Price，1995，1996）选择了 GARCH 模型估算 GDP 和全要素增长率的条件方差来测度不确定性。

随着研究的深入，采用的经济变量逐渐从宏观转向微观，微观数据样本量大，有利于克服宏观数据样本有限的识别难题。赫伊津哈（Huizinga，1993）与高萨尔和洛加尼（Ghosal & Lougani，1996）利用 AR 模型估计企业实际工资、原材料价格和产出价格各自波动的残差作为不确定性。莱希和怀特（Leahy & Whited，1996）、奎索和帕里吉（Guiso & Parigi，1999）与康帕拜尔等（Campbell et al.，2001）考虑对未来预测的差异性，通过预测股票回报率波动、未来产品需求波动来测度不确定性。凯里希（Kehrig，2011）和丘格（Chugh，2016）受到 RBC 理论模型的影响，尝试以企业层面全要素生产率冲击离差测度不确定性，布鲁姆（Bloom，2014）以制造行业企业的销售增长率离差测度不确定性。

利用债券市场收益波动以及企业利润、债券收益和生产率的代表性离差等测度不确定性，具有可直接观测的优势。然而，它们作为不确定性代理变量的可靠程度，依赖其与潜在的随机过程的相关性程度。即使关于经济基本面的不确定性没有任何变化，债券市场波动仍随时间而变化。由于企业商业行为的周期性存在异质性，企业层面的利润、销量和生产率的代表性离差在经济周期期间将产生波动。茹拉多等（Jurado et al.，2015）利用宏观经济数据进行估计，结果发现，大量不确定性代理变量存在显著的独立波动，这意味着代理变量的大部分波动并非由不确定性所驱动。该方法定义 h 时期之前的变量 y_{jt} 的不确定性为 $U_{jt}^y(h)$，其具体值等于序列未来值完全不可预测部分的条件波动性，即

$$U_{jt}^y(h) \equiv \sqrt{E\left[\left(y_{jt+h} - E\left[y_{jt+h} \mid I_t\right]\right)^2 \mid I_t\right]}$$

其中，$E(\cdot \mid I_t)$ 是 t 时间经济行为人可利用信息 I_t 的期望。

如果预测 y_{jt+h} 的误差平方的期望增加，则变量的不确定性增加。利

用总权重 ω_j 加总各时期个体不确定性来构建宏观不确定性指标，即

$$U_t^y(h) \equiv p \lim_{N_y \to \infty} \sum_{j=1}^{N_y} \omega_j U_{jt}^y(h) \equiv E_\omega [U_{jt}^y(h)]$$

这一测度方法有两个明显特征，一是对序列 y_{jt} 的不确定性与条件波动性进行了区分，在计算条件波动性之前去除可预测成分 $E[y_{jt+h}|I_t]$。二是宏观经济不确定性不等于任一序列 y_{jt} 的不确定性，它是很多序列不确定性的加权总和。该测度方法将可预测成分剔除，对不确定性进行了净化处理，具有更高的独立性与灵活性，比已有研究常采用的代理变量推测出来的不确定性低得多。

2.1.2 经济政策不确定性的测度

经济政策不确定性包含财政政策不确定性、货币政策不确定性、贸易政策不确定性等。纵观已有研究，主要从三种维度来衡量经济政策不确定性。一是以某种单一经济政策变量的波动性来指代经济政策不确定性；二是以非经济虚拟变量来衡量经济政策不确定性；三是以经济政策不确定性指数综合考量经济政策不确定性。

2.1.2.1 以单一经济政策变量波动性来测度经济政策不确定性

由于政策调整方式种类繁多，政策调整导致不确定性变化的权重难以估计，综合测度政策不确定性成为棘手难题。部分学者另辟蹊径，细化政策不确定性，主要聚焦于财政政策不确定性（含税收政策不确定性、政府支出不确定性等）或货币政策不确定性，以点带面研究政策不确定性对宏观经济的影响。

（1）财政政策不确定性。

财政政策包含政府支出政策和税收政策，已有研究主要从这两个角度识别财政政策不确定性。费尔南德斯－比利西韦德等（Fernández－Villaverde et al.，2015）通过估计财政政策规则的时变波动性来识别财

政政策不确定性。其基本逻辑是，首先，设定政府支出、劳动收入税、资本收入税和个人消费支出税四种财政政策工具的变动规则为

$$x_t - x = \rho_x(x_t - x) + \phi_{x,y}\,\tilde{y}_{t-1} + \phi_{x,b}(b_{t-1}/y_{t-1} - b/y)$$
$$+ \exp(\sigma_{x,t})\varepsilon_{x,t}, \quad \varepsilon_{x,t} \sim N(0,\ 1)$$

其中，$x \in \{\tilde{g},\ \tau_l,\ \tau_k,\ \tau_c\}$，$\tilde{g}$、$\tau_x$ 分别是政府支出、税率的均值，$\tilde{y}_{t-1}$ 是去趋势产出的滞后项，b_t 是公共债务，b 是公共债务的目标水平。

该方程考虑了财政工具的自动稳定器作用（$\phi_{\tau_x,y} > 0$ 且 $\phi_{\tilde{g},y} < 0$）和债务稳定作用。其次，以随机波动的形式包含财政工具的时变波动性，财政波动冲击（$\sigma_{x,t}$）是随机的，遵循 AR（1）过程，

$$\sigma_{x,t} = (1 - \rho_{\sigma_x})\sigma_x + \rho_{\sigma_x}\sigma_{x,t-1} + (1 - \rho_{\sigma_x}^2)^{(1/2)}\eta_x u_{x,t}, \quad u_{x,t} \sim N(0,\ 1)$$

其中，参数 σ_x 为财政波动冲击的均值，η_x 是财政波动冲击的非条件标准差，ρ_{σ_x} 决定持续时间。

由上述两个方程可知，影响财政工具 x 的冲击主要有两个：第一个是 $\varepsilon_{x,t}$，改变政策工具自身，被称为工具 x 的财政冲击；第二个是 $u_{x,t}$，决定财政政策工具的取值范围。$\sigma_{x,t}$ 为工具 x 的财政波动冲击，并将其作为相应政策工具的不确定性。这一设定方法不仅能捕捉立法的具体变化，也能刻画一系列偏离平均预期的政府财政行为。蒙塔兹和苏里科（Mumtaz & Surico，2018）分别利用政府支出、税收变化和公共债务结构化可识别冲击的波动性来测度财政政策不确定性。当聚焦于某种单一财政政策不确定性时，已有文献更多的是采用相应经济政策变量的时变波动性来衡量。

（2）货币政策不确定性。

货币政策工具主要有存款准备金率、再贴现率和公开市场业务等，其主要目标是控制货币供应量和市场利率。由于市场利率数据获取更为便捷，经济行为人对利率的变动更为敏感，已有研究主要从利率的角度测度货币政策不确定性。克里尔和吴（Creal & Wu，2016）将长期利率分解成预期因素和市场溢价因素，前者是行为人对货币政策未来走向的

预期，央行可以通过前向指导政策施加影响；后者取决于市场，捕捉货币政策如何从短期利率传递到长期利率。其中短期利率和风险溢价是两个主要的波动因素，可以作为货币政策不确定性的主要衡量指标。该方法主要设定过程为

$$g_t = (r_t \, er_t^{(n^*)} \, tp_t^{(n^*)})', \quad r_t = y_t^{(1)} = a_1 + b'_{1,g} g_t$$
$$er_t^{(n^*)} \equiv (n^*)^{-1} E_t [r_t + \cdots + r_{t+n^*-1}]$$
$$tp_t^{(n^*)} \equiv y_t^{(n^*)} - er_t^{(n^*)}$$

其中，g_t 为驱动债券价格的产出因素，r_t 为短期利率，$er_t^{(n^*)}$ 为未来短期利率的平均期望，$tp_t^{(n^*)}$ 为风险溢价，n^* 为预先设定的到期期限。r_t、$er_t^{(n^*)}$、$tp_t^{(n^*)}$ 各自的波动性分别为当前货币政策的不确定性、未来货币政策的不确定性和风险溢价的不确定性。

然而，以利率波动性来测度货币政策不确定性的最大缺陷是：当利率处于零利率附近时，由于零利率限制，它的波动性很小，很难准确反映货币政策不确定性。黄（Huang，2016）在此基础上进行修正，不再使用名义利率的波动性，而是以影子利率的波动性来测度货币政策不确定性。首先，引入一个影子利率模型 $r_t = \max\{s_t, 0\}$，当利率为正时，影子利率与名义利率相同，否则影子利率为负。其次，假定影子利率服从随机波动过程，允许存在时变波动性：

$$s_t = \beta_t + e^{x_t/2} u_t, \quad u_t \sim N(0, 1)$$

影子利率 s_t 由两部分组成，一部分通过失业率和通胀率来观测，另一部分为不可观测的噪声 u_t，服从标准高斯正态分布。方程 $x_t = \phi_0 + \phi_1 x_{t-1} + w_t$，$w_t \sim N(0, \sigma^2)$ 为状态空间模型的转换方程，其中 x_t 为潜变量，服从 AR（1）过程，w_t 为状态噪声，服从高斯正态分布。由此可见，x_t 随时间变化，且决定了影子利率的波动性，通过估计影子利率的条件波动性来测定货币政策不确定性。

2.1.2.2　以非经济虚拟变量为代理变量测度经济政策不确定性

为了综合考量政策不确定性，而不是局限于某一种经济政策不确定

性，同时解决内生性问题，部分文献采用共同影响货币政策与财政政策的非经济虚拟变量，如战争、选举、恐怖袭击、政治事件等来测度政策不确定性。拉克勒（Lächler，1984）、赫克曼和贝鲁门特（Heckelman & Berument，1998）、布洛克（Block，2002）、赫曼尼（Khemani，2004）和康斯坦塔基斯等（Konstantakis et al.，2015）以选举来衡量政策不确定性，卡诺瓦等（Canova et al.，2012）以马斯特里赫特条约和欧洲央行这两起政治事件来测度。胡里奥和毓（Julio & Yook，2012）利用1980～2005年48个国家的数据，以选举来衡量政策不确定性，探讨其与企业投资周期的关系，这意味着政策不确定性可能是政治活动影响实际经济结果的重要途径。

上述几种测定方法的局限性主要体现在两个方面：一是采用选举、战争等离散变量测度政策不确定性，将导致指标的连续性、灵活性和时变性都比较差；二是财政政策与货币政策往往相互影响，仅仅聚焦于某种单一的政策不确定性，失之偏颇，难以反映政策不确定性总体水平。比如，为了应对全球经济危机，各国政府出台相应的财政政策与货币政策，调整新的政策组合，以帮助经济走出衰退。由于财政政策和货币政策会产生交互影响，单纯从财政政策或货币政策的角度研究政策不确定性对宏观经济的影响可能会得到误导性的结论。

2.1.2.3 经济政策不确定性指数

针对已有测定方法的局限，贝克等（2016）提出基于报纸覆盖频率，可以测定整体政策不确定性的新方法，测算出的指标为经济政策不确定性指数（EPU指数）。该指数包含了关于经济政策不确定性范围与性质的有用信息，与其他测度方法比较而言，有三个明显的优势。一是可以拓展到其他国家与地区，有更好的持续性；二是可以获取更高频率的数据，由于报纸每日更新，甚至可得到日频数据；三是可以根据关键词进行分类分析，构建特定类别的指数。作者将美国EPU指数画成折线图，结果发现，在图形波峰处对应发生的大事件分别是总统选举、第一次海湾战争、第二次海湾战争、"9·11"事件、2011 债务上限争端等，较好衡量了政策不确定性的整体水平；使用企业层面的数据验证发现，政策不确定性与剧烈的债券价格波动联系紧密，减少了像国防、医疗、金融和基础建设这些政策敏感部门的投资和就业，即政策不确定性对宏观经济运行产生了消极影响。这一测度方法的突出特点在于具有较好的回溯性、时变性与连续性，能从宏观经济运行环境、体制层面、预测差值等多个维度同时捕捉政策不确定性的特征，较好反映整体的政策不确定性程度。从方法发展的角度来看，这开创了利用报纸信息和数据测定经济变量的先河，引起宏观经济学家、金融经济学家、经济史学家和其他研究学者的兴趣。EPU 指数一经公布，掀起了学者和政策制定者研究经济政策不确定性的热潮。

EPU 指数测定方法为全面测定政策不确定性开辟了新的视角，特别是将新闻报纸等媒体出版物的信息与数据加以充分利用，灵活运用先进的信息科学技术分析手段，具有较高的科学性与先进性。但这种测定方法并非完美无瑕，因为原始数据并非直接来自现有经济变量，而是通过搜索"经济的""不确定性""立法""规则制度""赤字"等与经济相关的关键词，对搜索结果进行统计分析后所得，所以利用该方法难以立即得到当下政策不确定性指标值。此外，这一方法的数据获取难度较高，存在一定的滞后性，在构建数理模型时也难以建立因果关系。

2.2 经济政策不确定性影响经济波动的传导机理

经济周期是经济学中古老的研究话题，至今一直是宏观经济学研究的核心内容之一。国内外很多学者已对经济周期作了深入研究，例如，刘树成等（2005）从波动位势和波动幅度两个方面剖析中国经济周期波动特征，并将经济的长期增长趋势与短期周期波动统一起来进行分析，为经济周期波动在适度高位的平滑化提供现实依据与理论支撑。陈乐一（2007）从潜在经济增长率、总需求、重要宏观经济变量等三个方面对我国经济周期阶段进行分析，为探索中国经济走向持续繁荣之路提供理论依据。比吉奥等（Bigio et al.，2015）从内生流动性的角度研究其对经济周期的影响，结果发现，流动性渠道是总波动强有力的持久来源。邓红亮和陈乐一（2019）将劳动生产率冲击、工资黏性与中国经济周期波动纳入统一的新凯恩斯 DSGE 模型，结果发现，劳动生产率冲击可以解释约15%的产出波动。国际金融危机爆发之后，从经济政策不确定性的视角研究经济周期波动成为新的焦点问题。接下来将对经济政策不确定性影响经济波动的传导机理进行综述。

就目前来看，经济政策不确定性影响经济波动的理论研究主要聚焦于对传导机理的探讨。概括而言，经济政策不确定性影响宏观经济的传导机制主要有六种，分别是 Hartman – Abel 效应机制、增长期权机制、实物期权机制、金融摩擦机制、消息和信任机制、预防性储蓄机制。其中，前两种机制对宏观经济运行产生了积极影响，后四种机制主要体现为消极影响。

2.2.1　Hartman – Abel 效应传导机制

Hartman – Abel 效应由哈特曼（Hartman，1972）和艾贝尔（Abel，1983）提出，他们认为遵循企业利润最大化一阶条件，资本的预期边际收益是产出价格和全要素增长率的凸函数，根据詹森不等式可知，产出价格和全要素增长率的不确定性增加将导致资本需求增加，从而投资增加。Hartman – Abel 效应的产生，依赖于模型关于收益函数和需求冲击的假定。比如，如果需求冲击是数量冲击而非价格冲击，这种效应可能会消失；同时也要求企业可随意调整劳动投入，控制产品生产规模以实现灵活定价（Bloom，2001）。当企业面临高度不确定性时，缩减生产，增加研发投入；当面临经济运行向好的消息时，扩大生产，增加存货投资。

显而易见，生产规模的收缩或扩张并非立竿见影，需要耗费一定时间。因此，Hartman - Abel效应在短期不明显，在中长期反而更能发挥作用。由于黏性价格的存在，可能产生逆向的Hartman - Abel效应，产品价格和劳动力工资均不能随时灵活调整，边际利润曲线是投入产出相对价格的凸函数，企业很有可能选择更高的价格以应对不确定性增加，从而抑制需求与潜在产出（Born & Pfeifer，2014）。

2.2.2　增长期权传导机制

增长期权效应是指不确定性通过促进产品或服务创新，可能实现较高的预期利润，从而对长期经济增长产生积极影响。布鲁姆（2014）认为不确定性通过增长期权效应，增加了潜在奖励的规模，从而鼓励投资。比如，很多风险投资公司在选择项目时，倾向于选择未来发展不确定性水平较高，但项目成功带来的利润远超过项目失败造成的损失的项目。只要市场保证生产力强的企业才能存活，生产率离差波动就有利于总体经济增长，因为未来不确定的前景会促进探索性研究和创新，为经济新的增长提供更多可能（Lee，2013）。西格尔等（Segal et al.，2015）进一步细分不确定性，将总不确定性分解为"好的波动"和"坏的波动"两部分，前者预测未来的消费、产出和投资将增加，后者预测未来经济增长和资产价格均下降，结果发现，只有好的不确定性才会产生增长期权效应。韩等（Han et al.，2017）研究交易不确定性和经济不确定性如何影响企业的增长期权，结果发现，这两种不确定性具有相反的作用，前者对企业的增长期权价值有负向作用，而后者具有显著的正向作用，这说明经济不确定性确实有助于企业增长期权价值的提升。在交易不确定性越低的国家，经济不确定性与企业的增长期权价值相关程度越强。由此可见，不同类型的不确定性之间会产生交互作用，政策制定者在推出相关政策措施之前，需充分考虑政策调整带来的政策不确定性对异质性经济行为主体的不同影响。增长期权传导机制较好解释了经济不确定性加剧，导致企业加大研发投入，推动技术、产品和商业模式的创新，促进经济复苏与繁荣这一过程。

2.2.3　实物期权传导机制

实物期权效应主要用于研究不确定性对投资决策的影响，其核心思想是投资机会可以被看成一系列期权，当不确定性增加时，企业看跌期权，从而延迟投资。实物期权机制发挥作用取决于两个关键假设：一是产品市场必须是完全竞争的，保证投资不会影响价格和市场结构（Kulatilaka & Perotti，1998）；二是企业对于投资机会具有垄断势力，不会因为延迟而消失（Doshi et al.，2017）。相比前两种传导机制，不确定性实物期权传导机制的相关研究要丰富得多，主要从资本投资不可逆程度与不确定性两者之间的交互作用出发，考察实物期权价值的高低，部分实证研究对这一机制进行了检验。经济主体在作出投资决策之前，将比较立即行使期权与递延行使期权二者之间的收益大小，不确定性程度越大，等待行使期权的收益越高，经济主体越倾向于维持现状的谨慎态度，伺机而动（Bernanke，1983）。迪克希特和平迪克（Dixit & Pindyck，1994）构建无金融摩擦的企业投资模型，假定总是存在利润临界值，只有当成本低于临界值时，企业才愿意投资。在面临不确定性时，企业可以决定何时进行投资，即企业拥有期权价值。当不确定性冲击增加时，利润临界值会提升，延迟投资的期权价值随之增加，企业将会搁置投资，选择观望，直到不确定性得到解决，从而导致当前投资水平下降。实物期权传导机制较生动地刻画了经济不确定性的增加，导致投资波动增加，进而影响经济周期波动的过程。

布鲁姆（2001）在已有研究基础上有所拓展，将不确定性对投资的实物期权效应分为长期和短期并且分别进行验证，结果发现，不确定性的实物期权效应对长期投资没有作用，而在短期中对投资和劳动需求发挥了重要作用。布鲁姆罗列出了带有实物期权效应的投资门槛行为和没有实物期权效应的投资门槛行为，并针对不确定性的实物期权效应对投资的长期和短期影响进行了数理推导与验证。其政策含义是，投资和就业对经济周期的时变响应可由宏观不确定性波动来解释。利用已测度的宏观不确定性，有助于改善对投资和就业响应弹性的预测，有利于政策制定者更好地建立模型，评估税收和利率变化的效果。斯托基（Stokey，2016）将政策不确定性具体到税收政策不确定性，对不确定性产生的过程进行了细致描述与分析，提炼了两种不同的不确定性：一是在 t = 0 时宣布进行税收政策调整，在 t = T 时执行新的税率；二是不提前宣布进行税收政策调整，而在 t = T 时直接执行新的税率。作者通过构建投资决策模型，刻画了税收政策变化产生的不确定性导致企业临时停止投资而采取"观望"策略的过程。研究结果发现，政策不确定性导致投资剧烈波动，某些类型的不确定性可能只影响了某些特定部门或特定类型的企业。比如，金融市场规则影响了银行，汇率政策影响了进口商。斯托基建立的投资决策模型在理论上展示了随着政策调整而产生的不确定性如何影响企业投资时机的选择，细致刻画了不确定性影响投资的实物期权机制。

2.2.4　金融摩擦传导机制

金融摩擦主要通过外部融资风险溢价波动，即外部融资支付的成本变动而产生。当风险或不确定性增加之后，经济发展前景不明朗，金融中介为了规避风险，往往要求企业支付更多贷款利息与违约金，导致企业融资成本增加，加重企业负担，从而在经济不景气时，更多的企业破产倒闭，严重影响经济增长；当经济基本面向好，不确定性程度很低时，企业融资成本较低，甚至接近于无摩擦状态，从而有利于投资。阿雷利亚诺等（Arellano et al.，2011）聚焦于全球金融危机，结果发现，危机时期，各企业的不确定性显著增加，金融摩擦与企业层面不断增加的不确定性交互作用，导致信贷大幅下降，经济活动相应收缩。克里斯蒂亚诺和罗斯塔尼奥（Christiano & Rostagno，2013）直接将 BGG 金融加速器机制加入标准动态随机一般均衡模型中，结果发现，由于信息非对称以及监督成本的存在，企业家在获取原始资本，将其转化为效率资本过程中发挥了核心作用，而获取资本的能力受到金融约束及不确定性程度的限制。多西等（Doshi et al.，2017）在已有研究基础上进行了拓展，比较分析了不确定性的实物期权机制与金融摩擦机制对资本投资的影响，结果发现，不确定性对资本支出具有显著的负向作用，在经济衰退与违约利差较高时，这种负向作用更强，二者之间的反向关系，由金融摩擦机制和实物期权机制驱动的大小不相上下。

实物期权机制强调了不确定性延迟投资的作用，金融摩擦机制强调不确定性对企业的金融约束作用，二者是不确定性对企业投资产生负向影响，进而影响经济周期波动的集中体现。虽然不确定性的实物期权机制在很多实证研究中已得到验证，但是刻画这一传导机制的理论模型仍有一定改进空间。比如，包含金融摩擦等约束条件，考虑不确定性本身的滞后影响，注重企业自身特征的异质性等。不确定性的金融摩擦机制对宏观经济的长短期影响，对异质性企业的影响效果差异，仍需进一步做实证分析。

2.2.5 消息和信任传导机制

消息和信任传导机制主要是指经济不确定性的出现，影响经济各部门之间的消息流通，改变经济行为主体对未来资本回报预期，从而影响经济决策，导致经济波动。法伊格尔鲍姆等（2017）首次构建了内生经济不确定性与经济周期理论模型，认为短期冲击会导致持久衰退。因为行为人从他人行为中学习，当经济活动低迷时，信息流动缓慢，不确定性依然很高，进一步阻碍投资。此时，经济体呈现不确定性陷阱，高度不确定性和低迷的经济活动产生交互影响，彼此不断强化，较大的短期冲击可能导致衰退。模型中，企业决定是否同意一项不可逆投资，其回报取决于不可完全观测的经济基本面。企业在承担投资成本方面存在异质性,并对经济基本面持有相同的信任。这些信任随着新消息而更新,尤其是企业通过观察其他生产者的投资回报来学习。信任与经济活动之间产生交互作用,如果企业对于经济基本面的信任有较高的均值且波动较小,即不确定性较低,则往往更乐于投资。信任均值和方差波动取决于投资率,尤其是当企业很少投资时,没有消息释放,不确定性会增加。该模型的关键特征是信任和投资的交互作用将导致不确定性陷阱,形式上表现为不确定性和经济活动动态变化过程中存在多个稳态值。如果当前不确定性水平充分低,则经济体将达到一个高区制(high regime),即高经济活动和低不确定性;如果当前不确定性水平充分高,则会达到一个低区制(low regime),即低经济活动和高不确定性。由于多稳态值的出现,经济体对冲击的响应是非线性的,从高区制开始,面对小的临时性冲击之后,经济体迅速恢复,但在较大的临时性冲击后,则可能转变成低活动状态。一旦跌落到低区制,则只有足够的正向冲击才能将经济体推回到高活动状态。该模型的研究结论指出,最优政策不一定能消除不确定性陷阱,虽然政策干预有时可取,但它们并没有消除不确定性与经济活动之间的负反馈循环。

2.2.6 预防性储蓄传导机制

预防性储蓄效应是指当经济不确定性增加时,消费者对未来前景呈悲观态度,减少对耐用品(如车、房产、家具、电器等)的消费,增加储蓄以自保。在封闭经济体中,储蓄等于投资,消费者增加储蓄有利于总投资,而在开放经济体中,消费者增加的储蓄会部分流到国外,从而导致国内消费有所下降,即预防性储蓄效应会影响消费者对国外产品和资产的需求。从理论上来说,不确定性的预防性储蓄效应有利于长期投资而不利于消费,但已有实证研究认为,预防性储蓄主要对总消费产生消极影响。在同等条件下,面临更高收入风险的家庭积累更多的财富或者消费更少(Carroll & Samwick,2000)。当政策不确定性程度较高时,经济行为人将减少消费而延长工作时间，应对未来不确定性冲击，从而使预防性储蓄增加（Born & Pfeifer，2014）。古兰沙和帕克（Gourinchas & Parker，2001）认为，跟随收入波动逆周期变化的预防性财富积累变化，可能大幅扩大总消费波动。沙勒和拉戈（Challe & Ragot，2015）在包含借贷约束、总冲击和未受保险的个体性失业风险的一般均衡模型中，研究了时变预防性储蓄的宏观经济影响。结果发现，预防性储蓄时变波动性显著增加了消费波动性，与代表性行为人模型相比，基准模型中的预防性动机在经济衰退时非常高，而在经济繁荣时非常低，带有时变预防性储蓄的经济体呈现出更小的投资波动。

已有文献主要在封闭经济中研究不确定性的预防性储蓄传导机制，大多只考虑了单一摩擦，未来要向包含影响经济周期波动的多个摩擦这一方向深化。此外，预防性储蓄不仅影响国内的消费与投资，也会影响国与国之间的贸易与资本流向，可用于研究国际之间的相互依赖。因此，在开放经济中，构建多国模型进行分析具有广阔的研究空间和较好的实践价值。

2.3　经济不确定性影响经济波动的实证研究

经济不确定性常常被定义为经济行为人认为不可预测的干扰的条件波动性（Jurado et al.，2015）。在识别政策不确定性时，部分学者采用政府财政支出波动、税收波动以衡量经济政策不确定性。这一识别方式与财政波动冲击的识别不谋而合，从这一角度来看，财政波动冲击也是经济政策不确定性的特定表现形式。无论是经济不确定性，还是政策波动冲击，二者的共同特征是经济行为主体对这些"不确定性"的消息冲击作出反应，进而改变预期，调整经济决策，引发投资、消费、就业等方面的波动，最终导致经济周期波动。随着理论研究不断深入，出现了大量验证经济不确定性影响经济波动的实证研究。这些实证文献主要从两个方面深化：一是明确不确定性的来源，按照不确定性的类别切入；二是使用不同的计量模型与方法，主要有 VAR 模型、动态随机一般均衡模型（DSGE）、面板数据模型等，以探讨经济不确定性对宏观经济波动的动态影响效果以及对异质性主体的非对称影响效果。

虽然实体经济不确定性与经济政策不确定性同属于经济不确定性的范畴，但是二者的侧重点截然不同，识别方式也存在显著差异。值得注意的是，实体经济不确定性与经济政策不确定性可能存在相关性，当实体经济不确定性较高时，政府调整政策以应对不确定性的可能性更高，从而导致经济政策不确定性随之增加。反过来，当经济政策不确定性程度较高时，经济行为主体会对此做出反应，调整预期，改变经济决策，导致实体经济不确定性相应提升。由此可知，二者既有显而易见的区别，又有密不可分的联系。因此，从实体经济不确定性、经济政策不确定性两个维度梳理相关研究，更有利于我们全面深入把握经济不确定性对经济波动的影响。

2.3.1 实体经济不确定性影响经济波动的实证研究

实体经济不确定性对投资、消费、就业、工作时间等宏观经济变量波动可能产生显著影响，而这些实际经济变量波动最终会影响经济周期波动。从已有研究来看，关于实体经济不确定性影响投资的文献特别丰富，有利于我们从投资波动这一角度，深刻认识经济不确定性与经济波动之间的关系。因此，本部分还将梳理实体经济不确定性与投资方面的研究。

2.3.1.1 实体经济不确定性与投资

经济不确定性对投资的影响体现在两个方面：一是对投资总额的影响；二是对投资时机的影响，它们改变了行为主体对投资活动预期收益的判断。经济不确定性主要通过实物期权传导机制对投资产生负向影响

（Gulen & Ion，2016），阻碍经济活动，因为在获得更多有利信息之前，投资者等待的利润更高。随着经济不确定性的提升，人们认为投资风险将大幅提升，从而要求更高的资本回报以补偿风险损失。卡瓦列罗和平迪克（Caballero & Pindyck，1996）利用美国制造业的数据，评估了实体经济不确定性对投资的重要影响，结果发现，产业层面不确定性翻番，将要求新资本回报率提升 20%。卡尔克罗伊特（Kalckreuth，2000）利用 1987～1997 年德国 6745 家企业资产负债表的统计数据，采用面板数据模型，分析经济不确定性对企业投资决定的影响，结果发现，不确定性增加一个标准差将导致投资需求下降 6%，实体经济不确定性对投资存在较为强烈且持续的负向影响。邦德和康明斯（Bond & Cummins，2004）利用 1982～1999 年美国上市企业面板数据，实证分析了不确定性与企业投资之间的关系，结果发现，高度不确定性对资本积累存在不利的长期影响。除了实物期权效应外，经济不确定性还可能通过 Hartman - Abel - Cabarrero 效应和资本调整摩擦影响投资决定，由于调整成本效应的存在，短期内将大幅抑制投资对利润新消息的反应，长期来看，不确定性对资本积累存在较大的潜在负影响（Wu，2009）。

2.3.1.2　实体经济不确定性与经济波动

布鲁姆（2006）采用企业层面数据，利用参数化模型模拟不确定性冲击，结果发现，实体经济不确定性容易受古巴导弹危机、肯尼迪遇刺案、"9·11"事件等这些巨大的经济或政治冲击的影响，急剧增加的不确定性冲击将产生强烈的实物期权效应，驱动投资和就业波动。是否考虑劳动与资本调整成本，对经济不确定性影响经济活动的估计结果存在显著差异。布鲁姆（2009）利用美国 1962 年 7 月～2005 年 7 月的月度数据，同时考虑劳动与资本调整成本，以债券市场波动作为经济不确定性的代理变量，采用 VAR 模型进行估计，结果发现，它与实际经济活动之间存在很强的逆周期相关关系，不确定性在未来 6 个月内对产出和就业有影响，随着波动性的增加，实际经济运行活力随之下降。高度不确定性将导致企业临时停止投资与雇佣，因为停止投资与雇佣将冻结部门之间资源的重新分配，阻碍信息流通，导致企业对其他经济刺激极度不敏感。

阿斯特维斯等（Aastveit et al.，2013）利用美国 1971Q1～2011Q3 的季度数据，采用企业债券利差、预测分歧、谷歌指数、经济政策不确定性指数等多种方法识别经济不确定性，建立结构 VAR 模型，研究经济不确定性与货币政策效应二者的关系，结果发现，当不确定性程度较高时，货币政策的效应会减小，与包含非凸调整成本模型所说的实物期权效应一致。经济不确定性是强烈逆周期性的（Jurado et al.，2015），高度不确定性事件是经济形势不好情况下的偶然事件，衰退孕育不确定性（Bachmann et al.，2012）。Bloom et al.（2018）用 GARCH 模型估计了全要素增长率的条件异方差以测度经济不确定性，结果发现，经济衰退是由不确定性水平冲击和波动冲击二者共同驱动，不确定性波动增加导致 GDP 下降约 3%，对经济周期波动产生重要影响。经济不确定性冲击使企业更加谨慎，导致企业层面的产出波动更大，大幅改变了经济对刺激政策的反应。经济不确定性不仅对一国国内经济波动产生影响，对世界经济波动也产生了不可忽视的作用。比如，石油价格不确定性冲击对世界工业产出有负效应，石油价格波动翻番常伴着世界工业产出持续下降高达 30%（Soojin，2014）。

经济不确定性存在宏观不确定性与微观不确定性之分，二者的主要区别在于所使用的原始序列数据是宏观的还是微观的。如果使用汇率波动、债券波动、GDP 增长率波动等宏观数据，则视为宏观不确定性，如果使用企业、产业、行业等微观数据，则视为微观不确定性。宏观不确定性与微观不确定在经济衰退时均急剧增长，战争、金融恐慌和石油价格波动等外生冲击导致经济衰退，直接增加了不确定性。在经济衰退时，不确定性内生增加，2008 年不确定性的巨幅增长可解释潜在 GDP 下降的 1/3（Bloom，2014）。丘格（Chugh，2016）在小规模的金融加速器模型中，通过参数校准，模拟分析了宏观经济不确定性与微观经济不确定性影响经济周期波动的区别，结果发现，二者的影响并无二致，均可解释5%左右的经济周期波动。

学者就实体经济不确定性影响经济波动已达成的共识主要有：一是实体经济不确定性是逆周期性的；二是实体经济不确定性的一阶矩与二阶矩对经济波动的影响存在显著差异；三是宏观经济不确定性与微观经济不确定性对经济周期波动的影响基本一致；四是实体经济不确定性是2008年后经济衰退的主要原因。就目前而言，已有研究主要从实物期权机制、价格设定、金融摩擦机制、信息流动等渠道，验证实体经济不确定性对经济波动的影响。它们大多只考虑了单一的某种摩擦，如果同时考虑多种摩擦，则对经济周期波动的影响程度可能会更深。然而，巴赫曼和拜尔（Bachmann & Bayer，2013）应用异质性企业动态随机一般均衡模型，参数校准后进行模拟分析，得到了与之前研究截然相反的结论。固定资本调整成本导致的企业利润风险冲击，致使企业对投资持"观望"态度，但实证结果表明，时变企业风险不是经济周期波动的主要来源。

2.3.2　经济政策不确定性影响经济波动的实证研究

从研究视角来看，已有研究主要从政策风险（Born & Pfeifer，2014）、财政政策不确定性（Johannsen，2014；金雪军等，2014；Fernández - Villaverde et al.，2015；孙永强等，2018），如税收政策不确定性（Mumtaz & Surico，2018）、货币政策不确定性（Mumtaz & Zanetti，2013；Creal & Wu，2016；Wu & Xia，2016）、贸易政策不确定性（Handley，2014）等角度研究经济政策不确定性对经济波动的影响。汉德利（Handley，2014）认为贸易政策不确定性会延迟出口商进入新的市场，使他们对于关税下降不敏感，在WTO中绑定贸易政策协议，减少不确定性的政策工具，增加了出口商的进入。制度改革蕴藏着不确定性与不稳定性，部分学者从经济体制改革的视角研究经济波动（陈乐一和杨云，2016）。

从实证研究的模型与方法来看，已有文献主要使用 VAR 模型分析内生经济政策不确定性短期变化对整个系统的影响，基于动态随机一般均衡（DSGE）模型模拟分析经济政策不确定性对宏观经济的动态影响，利用面板数据模型深入研究经济政策不确定性是否因不同的发达水平、地域特征、风俗习惯和宗教信仰而产生不同的影响效果，即经济政策不确定性是否因行为主体的异质性而产生非对称影响。

2.3.2.1 经济政策不确定性与投资

政策不确定性可以看作对投资的巨额税收，行为人会对政策调整或改革所产生的信号作出反应，克制投资，直到政策不确定性被消除（Rodrik，1989）。哈西特和梅特卡夫（Hassett & Metcalf，1999）在模型中模拟分析了税收政策不确定性对企业层面投资与总投资的影响，结果发现，随着税收政策不确定性的增加，投资时间会延迟，对资本形成也有不利影响。居伦和扬（Gulen & Ion，2016）利用美国 1987 年 1 月~2013 年12 月的季度数据，采用双向固定效应模型，探讨了政策不确定性对企业投资的影响，结果发现，政策不确定性对资本投资存在显著的负向影响，且这种影响存在异质性，即投资不可逆程度越高、对政府支出依赖性越强的企业，其负向影响更为强烈。这一政策含义是，当做出政策决策时，规则制定者要考虑异质性企业对同一政策变化的敏感程度差异，同时也要意识到调整或改变政策产生的不确定性，所导致的损害就像做了一个错误决定。

陈国进和王少谦（2016）构建了一个代表性企业多期最优投资决策框架，研究了经济政策不确定性对企业投资行为的影响，结果发现，经济政策不确定性对企业投资行为的抑制作用主要通过资金成本渠道和资本边际收益率渠道来实现，该作用机制表现出明显的逆周期性和行业非对称性。亚琨等（2018）以 2009~2016 年沪深两市 A 股上市公司为研究样本，考察了经济政策不确定性对企业金融资产配置与创新投资关系的调节作用，结果发现，经济政策不确定性加重了企业金融资产配置对创新投资的挤出效应，该挤出效应对非高新技术企业及市场竞争程度低的企业更强。许罡和伍文中（2018）利用 2002 ~ 2016 年 A 股上市公司季度数据，分析了经济政策不确定性对企业金融化投资的影响，结果发现，经济政策不确定性抑制了公司金融化投资，主要通过压缩市场套利空间而实现。

经济政策不确定性本身存在较强的内生性，部分学者采用外生的代理变量使其外生化，如采用选举、战争等二值变量来识别经济政策不确定性。胡里奥和毓（2012）利用 48 个国家 1980 ~ 2005 年的面板数据，以选举来识别政策不确定性，结果发现，政策不确定性导致企业减少投资支出，直到选举不确定性得到解决，投资周期的幅度随国家的选举特征而变化。才国伟等（2018）以地方官员变动率来衡量政策不确定性，结果发现，融资可获得性是政策不确定性影响投资的重要前提之一，融资可获得性较小时，政策不确定性显著降低了企业投资；在融资可获得性较大时，政策不确定性影响不显著。这些识别经济政策不确定性的方法虽然解决了内生性问题，但忽略了它的时变特征，不利于深入分析其对宏观经济变量的动态影响。

2.3.2.2　财政政策不确定性与经济波动

经济政策不确定性的时变特征较为突出，不同的识别方式，可能导致研究结论存在差异。税收波动冲击对经济波动的影响不仅取决于它们自身冲击的大小，可能还与它们会提前多久被预期到、可感知的持续性等特征有关（Romer & Romer，2010），这有利于更深入了解税收波动冲击影响宏观经济波动的传导机制。约翰森（Johannsen，2014）做出的改进是在包含内生资本积累的新凯恩斯模型中考虑零利率约束，在参数校准后模拟分析财政政策不确定性对宏观经济活动的影响，结果发现，财政政策不确定性将导致消费、投资和产出大幅下降，政府支出层面和工资税率层面的不确定性影响特别大。与没有零利率限制条件相比，在零利率限制条件下，财政政策不确定性对经济周期波动的影响要大得多。

金融危机一旦发生，财政赤字和公共债务将急剧增加，当财政整合不可避免时，将会产生大量关于政策组合和预算调整时机的不确定性（Fernández‐Villaverde et al.，2015）。作者基于经济周期的新凯恩斯模型，根据美国经济进行参数校准，模拟分析财政波动冲击对经济活动的影响，结果发现，财政波动冲击主要通过改变经济行为主体对未来资本回报的预期来影响宏观经济活动，它将导致总产出、消费、投资及工作时间持续几个季度均下降，并引起通货膨胀。此外，财政波动冲击意味着税收政策大变动的概率更高，企业对边际成本的预测更加困难，增加了企业未来面临更高边际成本的风险，使得企业在价格制定上犯错导致的损失更大。龚旻等（2018）聚焦于中国地区经济波动，利用284个地级市2004~2013年面板数据，采用面板向量自回归模型进行分析，结果发现，地方税收政策不确定性通过投资波动扩大了中国地区经济波动，受到冲击后需5年时间衰减完毕。

2.3.2.3 货币政策不确定性与经济波动

货币政策不确定性是逆周期的，在糟糕的经济条件和高失业率之前发生（Creal & Wu，2016）。与财政政策不确定性相比，货币政策不确定性的表现形式要简单得多，主要从利率波动的角度予以识别。蒙塔兹和扎内蒂（Mumtaz & Zanetti，2013）对模型做了两个层次的改进，一是通过设定随机波动测算时变的货币政策冲击波动，二是允许模型中内生变量的水平值和时变波动之间存在动态交互项，结果发现，当货币政策波动增加时，名义利率、产出增长、通货膨胀均下降。贝卡特等（Bekaert et al.，2013）考察了货币政策冲击的影响，将VIX指数分解成两部分，分别是风险规避与预期的债券市场波动，结果发现，宽松的货币政策降低了风险规避与不确定性的影响。

克里尔和吴（2016）将利率不确定性分解成政策部分和市场溢价部分，失业率与风险溢价不确定性之间存在负反馈循环，折射了市场对糟糕经济消息的反应。结果发现，通货膨胀对货币政策不确定性冲击的响应是时变的，该响应因经济运行状态不同而存在显著差异。由此可见，货币政策不确定性对经济波动的影响可能因当时具体的经济状况而异。吴和夏（Wu & Xia，2016）考虑了零利率约束，利用影子利率的波动性来测度货币政策不确定性，结果发现，2009 年 7 月美联储刺激经济的货币政策，4 年后使美国的失业率成功下降了 1%。货币政策不确定性对经济周期波动的影响可能与货币政策所处的时期有关（Huang，2016），在美国实施货币量化宽松政策的早期与晚期，货币政策不确定性特别高，导致产出增长率下降而失业增长率增加。

还有部分研究将财政政策不确定性与货币政策不确定性同时包含在统一框架中予以分析。总体来看，经济政策不确定性对经济波动的影响存在两种观点，一种是存在负向影响，另一种是影响微乎其微。从已有研究来看，绝大部分认为经济政策不确定性加剧了经济波动，近几年美国与欧洲不断提升的政策不确定性损害了宏观经济表现，影响了经济复苏，它对债券价格波动、投资率和就业增长的代表性结构均有重大影响（Baker et al.，2016）。蒙塔兹和苏里科（2018）利用美国 1970 ~ 2015 年的季度数据，在结构 VAR 模型中加入不确定性的二阶矩，允许它们对宏观经济内生变量产生直接影响，估计了政府支出不确定性、税收变化不确定性、公共债务不确定性和货币政策不确定性对美国经济的影响，结果发现，政策不确定性可以解释 25% 的产出波动，其中政府债务不确定性对产出、消费、投资、消费者信心和商业信心的不利影响最大且最持久，税收变化不确定性对实体经济活动也产生了不利后果，而政府支出和货币政策不确定性的影响接近于零。许志伟和王文甫（2018）将政策不确定性引入到新凯恩斯动态一般均衡模型中，模拟结果表明：政策不确定性显著增加了产出和价格波动，公众对政策的预期会显著增强不确定性冲击对经济波动的影响。

博恩和普法伊费尔（Born & Pfeifer，2014）利用美国 1970 年开始的季度数据，估计了资本和劳动税率、政府支出、货币政策冲击、全要素生产率等变量的时变波动性，基于新凯恩斯模型，在参数校准后进行模拟分析，结果发现，在美国大衰退期间，财政政策与货币政策不确定性急剧上升，产出只下降了 0.1%，政策风险在经济周期波动中发挥的作用不大。之所以得到了与其他研究截然相反的结论，是因为没有考虑零利率限制（Johannsen，2014）。田磊等（2017）在结构 VAR 模型中，同时识别出经济政策不确定性冲击和需求冲击、供给冲击、货币政策冲击，结果发现，经济政策不确定性冲击并不是中国经济波动的主要因素，且呈现通胀效应强于产出效应的中国特色。孙永强等（2018）采用 MVEG-ARCH 模型，对中国等多个国家经济政策不确定性与经济波动之间的影响机制进行了实证分析，结果发现，经济政策不确定性并不必然引起经济波动。

上述关于不确定性的研究中糅合了其他可预期的杂质，真正的不确定性是不可预期的。具体而言，关于经济不确定性影响经济波动的实证研究主要存在以下问题：一是内生性问题没有得到很好解决，导致研究结论并非完全一致；二是识别精度不够，其中可能夹杂了可预期的或周期性成分；三是经济不确定性影响经济波动的传导机制的实证检验有待加强，需深刻认识二者之间的关系；四是经济政策不确定性与实体经济不确定性可能相关，在研究其中一种不确定性对经济波动的影响时，需控制另一种不确定性。

2.4　经济政策不确定性的溢出效应

不难发现，上述研究的共同点都是聚焦于一国国内，从水平值或波动值的视角进行探讨。随着国际依赖的增强以及全球问题的频发，少数学者对经济政策不确定性的溢出效应进行了初步的积极有益的尝试。克伦坡（Colombo，2013）应用结构 VAR 模型实证研究了美国经济政策不确定性对欧元区宏观经济的影响，结果表明美国经济政策不确定性对欧元区产出与通货膨胀存在显著的负向影响，且这种影响超过了欧元区自

身的经济政策不确定性。巴塔拉依等（Bhattarai et al.，2017）利用 15
个新兴市场经济体的面板数据探讨了美国不确定性的全球溢出效应，结
果发现，美国不确定性冲击对新兴市场经济体的股票价格和汇率有负向
影响，并且该影响存在显著的异质性。同时，该冲击还会增加新兴市场
经济体的利差，从而导致资本外逃。克拉埃斯（Claeys，2017）采用面
板 VAR 方法，利用发达国家和新兴经济体 1990Q1 ~ 2014Q3 的季度数
据，估计了不确定性冲击的溢出效应，结果发现，当不确定性在全球蔓
延时，新兴市场的消费和投资均遭受大幅下降，发达的金融市场是抑制
不确定性冲击传导的关键。财政政策是另一种选择，但前提是有足够的
财政空间来缓和冲击。货币政策在固定汇率制度下对不确定性的抑制效
果要优于浮动汇率制度。

2.5　本章小结

上述内容主要从经济不确定性的测度、传导机制、实证研究、溢出效
应等方面，全面梳理了国内外最新研究进展，并进行了客观细致的评述。
整体而言，经济不确定性影响经济波动的相关研究成果所呈现的特征主
要有，一是经济不确定性的识别方法从宏观转向微观，从单一走向综合。
由于经济不确定性不同表现形式对经济波动的影响存在差异，其一阶矩
与二阶矩的比较研究成为热点之一。二是国际金融危机爆发之后，经济
政策不确定性成为经济不确定性的主要表现形式，探讨政策不确定性影
响经济波动的传导机理，比较不同类别政策不确定性的宏观经济影响，
考虑多种摩擦下不确定性影响经济波动的大小与方向等，逐渐成为研究
焦点。三是大部分学者认为经济不确定性对投资、就业、消费、工作时
间等宏观经济变量产生了不利影响，但对发挥主要作用的传导机制的认
识存在分歧。四是主要运用 VAR 模型和结构 VAR 模型分析经济不确定
性短期变化对整个经济系统的影响，采用 DSGE 模型研究经济政策调整

产生的冲击对宏观经济波动的动态影响，在研究方法上有较大突破。五是经济不确定性的逆周期特征及其内生性问题，激发了学者研究内生经济不确定性与经济周期理论模型的兴趣。

纵观已有研究，存在的不足之处主要体现在以下四个方面。

第一，从经济政策不确定性的识别来看，已有文献大多只采用了单一的测度方法，没有同时采用多种方法进行比较分析，在探讨经济政策不确定性对经济周期波动的影响时，没有控制实体经济不确定性，可能导致该影响效果受到污染。

第二，从研究样本来看，已有研究大部分聚焦于欧美发达国家，而发展中国家的经验研究较为稀少，也没有比较不同发展水平下不确定性对经济周期波动的影响差异。

第三，从研究内容来看，大部分文献囿于本国经济政策不确定性对国内宏观经济变量的影响，没有考虑经济政策不确定性的溢出效应，缺乏对溢出效应方向与大小的评估，没有深入探讨不确定性的国际传导途径。与此同时，目前的研究主要着眼于不确定性的水平值，而对不确定性的相对值较少考虑，对不同类型的政策不确定性影响效果缺乏对比分析。

第四，从研究结论来看，学者对经济政策不确定性影响宏观经济波动的结论未达成一致。经济政策不确定性会受到经济周期所处阶段的影响，在经济繁荣时期不确定性程度较低，而在经济衰退时期较高，即不确定性是逆周期的，且存在内生性问题，但没有得到妥善解决。

本书将在已有研究成果的基础上，进行相应拓展，剖析经济政策不确定性影响经济周期波动的国内与国际双重传导路径，讨论不同类型的经济政策不确定性对不同发达水平国家的异质性影响，评估其溢出效应大小与方向，探讨一国经济政策不确定性对他国经济周期波动的影响，并进一步探索经济政策不确定性差异对国际经济周期协同的制约，以期得到有一定价值的研究成果，为推动世界经济复苏提供有效的、可执行的政策建议。

第3章 经济政策不确定性影响经济周期波动的理论分析

根据第 2 章的文献分析可知，经济政策不确定性主要通过实物期权效应、预防性储蓄效应、信息流动等渠道影响经济周期波动。然而，这些效应能够发挥作用的重要前提是改变经济行为主体的预期，导致经济决策调整从而引起经济周期波动。因此，预期理论与乘数－加速数经济周期理论是我们理解经济政策不确定性影响经济周期波动的重要理论基础。本章将从概念界定、理论基础介绍、理论模型推导、传导机制阐释等几个方面展开分析。

3.1 相关概念界定

经济政策不确定性与经济周期波动均属于宏观经济范畴，人们对二者的认识尚未完全统一，这不利于进一步的学术交流与研究。为了更好地开展研究，本小节将对相关概念进行清晰界定。

3.1.1 经济政策不确定性

顾名思义，经济政策不确定性是指经济政策变动调整过程中产生的不可预测与评估的风险，它侧重的是与经济政策相关的不确定性。居伦和扬（2016）认为经济政策不确定性是经济行为主体不能确切预知政府有关部门是否、何时以及如何改变现行经济政策。贝克等（2016）认为经济政策不确定性主要产生于谁来做经济决策、采取什么样的经济政策行动以及政策效应何时起作用等政策调整过程。由此可见，经济政策不确定性涉及三个方面：一是政策制定主体的选择；二是政策内容的变化；三是政策效果的产生时机。只要这三个环节不能被准确预期，则会产生与政策调整变动相关的不确定性。

经济政策不确定性与实体经济不确定性有显著区别，二者的来源明显不同。前者主要来自政策调整过程，后者主要来自企业、产业、行业等实体经济层面。茹拉多等（Jurado et al.，2015）特别强调不确定性是不可预期的，要将周期性与可预期的成分剔除干净。经济政策不确定性作为不确定性的重要表现形式，要将其与政策的自动稳定器功能、周期性变动区别开来。

经济政策包含财政政策、货币政策、贸易政策、产业政策等多种政策形式，经济政策不确定性是多种政策不确定性的加权总和。异质性企业对同一政策变化的敏感程度存在差异（Gulen & Ion，2016），某些类型的经济政策不确定性可能只影响了某些特定部门或特定类型的企业（Stokey，2016）。比如，金融市场规则变动影响了银行，汇率政策变动影响了进口商，产业政策调整影响了特定产业等。

根据上述分析可知，经济政策不确定性绝不是单一的某种政策不确定性，而应该从宏观经济运行环境、体制层面、预测差值等多个维度捕捉政策不确定性水平，它是多种政策不确定性的整体综合反映。经济政策不确定性极易受到国家领导人换届选举、体制改革、自然灾害、经济危机、军事战争、经济制裁等大事件的影响。从本质上来看，经济政策不确定性的变动主要源于超出经济行为主体预期与认知的意外事件或冲击（屈文洲和崔峻培，2018）。基于此，本书认为经济政策不确定性是伴随政策调整过程而产生的不可预测的风险，受到外部冲击后，导致经济行为主体对"谁调整政策""如何调整政策""何时产生政策效果"等过程难以预估与认知的未知状态。

3.1.2   经济周期波动

经济周期又被称为商业周期或商业循环，随着研究的不断深入，人们对它有新的认识与理解。马克思认为"在周期性的危机中，营业要依次通过松弛、中等活跃、急剧上升和危机这几个时期"。由此，经济周期被分为四个阶段，分别是危机、萧条、复苏和高涨，各阶段循环交替。恩格斯说："从本世纪初以来，工业经常在繁荣时期和危机时期之间波动。这样的危机几乎定期地每五年到七年发生一次"。伯恩斯和米切尔（Burns & Mitchell，1946）认为经济周期是一个由工商企业占主体的国家的整体经济活动出现波动的现象，每一次繁荣之后跟随的是相似的总衰退、收缩和复苏，如此循环往复。萨缪尔森（2004）认为经济周期就是经济繁荣之后，经济扩张让位于衰退，国民收入、就业和生产下降，当达到最低点后，经济复苏开始出现的交替现象。NBER 提出经济周期就是经济活动在相对持续的扩张阶段和衰退阶段之间的交替。根据波动持续时间的长短，可以将经济周期分为康德拉季耶夫周期、朱格拉周期、基钦周期、库兹涅茨周期和熊彼特周期。显而易见，他们认为经济周期就是经济扩张与经济收缩交替出现的现象，这是第一种定义。

部分学者将经济周期定义为经济活动所有的短期波动，对经济活动增加或绝对减少没有区分，这是第二种定义。该定义最大的问题在于只能将经济活动的高频波动作为经济周期分析，而不能对作为宏观经济现象的经济周期进行有意义的阐述（Morley & Piger，2012）。

随着实际经济周期理论的兴起，人们转变了对经济周期的固有看法，认为经济周期波动不是内在简单的固定周期波动，也不是多个固定周期的组合，而是受到外部随机冲击干扰后，经过一系列传播、放大、复合的结果。布林德和费希尔（Blinder & Fischer，1981）认为经济周期是产出偏离其长期趋势的序列相关变化，这是第三种定义。莫利和派格

（Morley & Piger，2012）认为产出缺口对这一概念下的经济周期做了最好诠释。该定义与第一种定义存在明显区别，前者更接近于时点变量，强调经济偏离稳态值的变化过程，后者强调的是一个时期变量，考虑的是一段时期内经济运行的总体表现。

随着理论研究的不断深入，经济周期的内涵也发生明显变化，但在具体使用过程中，人们并没有对经济波动与经济周期做严格区分。本书认为经济波动是一个时变变量，它的有序集合可以形成类似于正弦或余弦波动图形，这一"集合"就是我们常说的经济周期。经济波动与经济周期内涵上的差异，导致二者的测度方法截然不同，前者常用的测度方法有滤波法、求标准差等，后者更常用的是"谷—谷"划分法。

综上所述，本书所研究的经济周期波动是指去除季节性波动与趋势后，宏观经济变量偏离缓慢变动路径时所呈现的短期波动，可以用滤波法、求标准差等方法来测度。

3.2 经济政策不确定性影响经济周期波动的理论基础

经济政策不确定性是一个无法直接观测的经济变量，根据已有研究成果可知，它主要通过预防性储蓄效应、实物期权机制、金融摩擦效应、增长期权效应等影响宏观经济。之所以产生上述影响，主要是因为经济政策不确定性可作用于经济行为主体的预期，通过改变预期，调整经济决策，从而最终影响宏观经济。由此可知，预期理论是研究经济政策不确定性影响宏观经济的重要理论基础。

3.2.1 预期理论

在西方经济理论中，预期是指经济行为主体，在作出某项经济决策之前，根据已有信息，对未来的经济形势及其变化作出相应估计和判断，它是分析经济现象的重要因素之一。总体而言，经济学中的预期理论发展主要经历四个阶段，分别是静态预期、非理性预期、适应性预期、理性预期。

3.2.1.1　静态预期

静态预期理论假定个人或企业等经济行为主体完全按照过去已经发生过的情况来估计或判断未来的经济形势及其变化，其中最有代表性的是蛛网模型。该模型最早由舒尔茨、廷贝亨和弗里希（Schultz、Tinbergen and Frisch）于 1930 年提出，主要涉及了价格预期问题。它考察的是生产周期较长的商品，假定商品的本期产量 Q_t^s 由上一期价格 P_{t-1} 决定，生产者以当前的市场价格作为对下一期市场价格的预期，即在 $t-1$ 期预期到的第 t 期的价格 $\tilde{P}_t$ 等于 P_{t-1}。显然，静态预期将前期的实际价格完全当成现期的预期价格，没有考虑现在及将来经济形势的变化。

3.2.1.2　非理性预期

1936 年，凯恩斯在《就业、利息和货币通论》中提出了非理性预期，并将预期分成了两类，第一类是关于价格的预期，可称为短期预期，第二类是关于未来报酬的预期，可称为长期预期。他认为在经济社会中，经济形势变幻莫测，发展前景难以捉摸，充满着不确定性，因而缺乏可靠基础的主观预期是非理性的，极易产生剧烈转变。当投资者情绪悲观时，对"资本边际效率"的预期较低，减少投资，经济收缩；而当投资者情绪乐观时，看好未来经济发展，增加投资，经济扩张。凯恩斯将预期作为心理因素考量，认为它是影响总供给与总需求的关键因素之一，对就业水平、消费水平、货币供求、投资水平均能产生影响，是导致经济波动的决定性因素。根据非理性预期的内涵，我们可以设定如下模型进行说明：

$$\tilde{P}_t = P_{t-1} + \gamma(P_{t-1} - P_{t-2}) \tag{3.1}$$

式（3.1）中，$\tilde{P}_t$ 为第 t 期的预期价格，P_{t-1}、P_{t-2} 分别为 t−1 期、t−2 期的实际价格水平，γ 为预期调整系数，受情绪与心理状态的支配，乐观程度不同的人，γ 的取值有所不同。

非理性预期理论有三个典型的特征：一是预期易受情绪支配，不稳定，缺乏理性；二是预期被视为完全外生的变量，它的形成机制完全被排除在分析范围之外；三是预期不受有关经济变量与政策变量的影响。凯恩斯放弃了古典经济学确定性环境下的均衡分析，强调了在不确定性状况下经济行为主体的选择与决策，而选择与决策的基础在于未来事件和环境的模糊不确知和容易发生变化的预期。

3.2.1.3　适应性预期

1956 年，卡根（Cagen）在《超通货膨胀的货币动态理论》中首次提出了适应性预期，后来由弗里德曼在分析通货膨胀与自然失业率时加以运用和推广。适应性预期理论认为，经济行为主体依赖于过去的经验及经济活动本身的变化，根据过去的预期误差来修正调整现在的预期。这一理论可由以下模型来表示：

$$\tilde{P}_t = \tilde{P}_{t-1} + \lambda(P_{t-1} - \tilde{P}_{t-1}) \tag{3.2}$$

式（3.2）中，$\tilde{P}_t$、$\tilde{P}_{t-1}$ 分别为 t 期、t−1 期的预期价格，P_{t-1} 为 t−1 期的实际价格水平，λ 为预期调整系数。

比较非理性预期与适应性预期的模型可知，后者考虑了上一期实际价格（P_{t-1}）与预期价格（$\tilde{P}_{t-1}$）的差距，再修正现期价格预期，建立反馈型预期机制。当上一期预期价格高于实际价格时，现期预期价格将下降；当上一期预期价格低于实际价格时，现期预期价格将上升。适应性预期强调经济行为主体通过不断纠正过去的错误而形成新的预期，但它将预期的形成局限于受以往经验和客观经济变化的影响，而忽视了其他方面的信息来源，特别是没有考虑有关政府经济政策因素对预期的影响。因此，在政府经济政策发生变化时，适应性预期的准确程度将大大降低，甚至是做出错误的预期。若是不充分利用经济政策调整产生的新信息，经济行为主体很容易犯系统性的错误。

3.2.1.4　理性预期

1961 年，穆斯（Muth）在《理性预期和价格变动理论》中首次提出了理性预期这一概念，构造了经济行为主体以最优化为目标并有效率地使用信息形成预期的经济模型。穆斯认为预期是根据已有信息对未来事件进行预测，与已有经济理论所说的预测没有本质上的区别。后来，卢卡斯将理性预期概念广泛应用于宏观经济分析与稳定性宏观经济政策的研究中，获得了强烈反响。理性预期是指在充满不确定性的未来，为避免风险或追求最大效用（收益），经济行为主体运用过去和现在一切可用的信息，对自己关注的经济变量在未来的变化情况做出尽可能准确的预测。经济行为主体对经济变化的预期有充分依据并且是理智的，极有可能实现，不会轻易改变。与适应性预期、静态预期相比，理性预期理论有两个突出特征：一是经济行为主体不只是依靠以往的经验和客观的经济变化，还会充分考虑政策变化，挖掘一切可利用的信息，对经济的未来变化作出理性预期；二是理性预期理论强调一旦发现错误立即作出反应，同时考虑不确定性因素及其随机干扰对经济行为主体预期的影响，不断纠正预期中的失误，因而不会犯系统性的错误。以价格预期为例，理性预期模型可以设立如下：

$$\widetilde{P}_t = E(P_t | I_{t-1}) \tag{3.3}$$

式（3.3）中，$\widetilde{P}_t$ 是在 $t-1$ 期预期到的第 t 期的价格水平，P_t 是第 t 期的实际价格水平，I_{t-1} 是在 $t-1$ 期所获得的所有可用的信息集合，$E(P_t | I_{t-1})$ 是第 t 期的价格水平在 $t-1$ 期的信息集合条件下的数学期望。

设定 ε 为预测误差，则可表示为：

$$\varepsilon = P_t - \widetilde{P}_t \tag{3.4}$$

将式（3.3）代入式（3.4），可得：

$$\varepsilon = P_t - E(P_t \mid I_{t-1}) \tag{3.5}$$

理性预期假定 ε 的期望为零，则 $E(P_t \mid I_{t-1}) = P_t$，即第 t 期的预期价格 $\tilde{P}_t$ 是第 t 期的实际价格水平 P_t 的无偏估计。

3.2.2　经济周期理论

3.2.2.1　乘数—加速数模型

1939 年，萨缪尔森（Samuelson）在《乘数分析和加速原理之间的相互作用》和《加速原理与乘数的综合》中阐述了乘数—加速数模型的基本原理，其中投资乘数原理说明投资变动对国民收入变动的影响，而加速数原理说明国民收入变动对投资变动的影响。他认为经济周期中繁荣、衰退、萧条、复苏各阶段间的更替是乘数和加速数交互作用的结果。当投资增加时，国民收入通过投资乘数的作用而增加，而国民收入的增加反过来会通过加速数的作用而促使投资增加，国民收入与投资呈现螺旋式上升趋势；当投资减少时，由于乘数作用的存在，国民收入随之减少，通过加速数的作用，导致投资进一步减少，国民收入与投资呈现螺旋式下降趋势。乘数—加速数模型用公式表示如下：

$$Y_t = C_t + I_t + G_t \tag{3.6}$$

$$C_t = \lambda Y_{t-1} \tag{3.7}$$

$$I_t = \gamma(C_t - C_{t-1}) \tag{3.8}$$

上式中，Y_t、C_t、I_t、G_t 分别代表国民收入、消费、投资、政府购买，λ、γ 分别为边际消费倾向、加速数，假定 G_t 为常数，$0 < \lambda < 1$，$\gamma > 0$。式（3.6）是以支出法表示国民收入的构成，式（3.7）表示第 t 期消费 C_t 是边际消费倾向 λ 与上一期国民收入 Y_{t-1} 的乘积，式（3.8）表示第 t 期投资 I_t 是第 t 期消费 C_t 与第 t-1 期消费 C_{t-1} 之差与加速数 γ

的乘积。

将式（3.7）和式（3.8）代入式（3.6），可得：

$$Y_t = \lambda Y_{t-1} + \gamma(C_t - C_{t-1}) + G_t \tag{3.9}$$

乘数 ψ 与边际消费倾向 λ 之间的关系可表示为 $\psi = 1/(1 - \lambda)$，则 $\lambda = 1 + 1/\psi$，将其代入式（3.9）可得：

$$Y_t = (1 + 1/\psi)Y_{t-1} + \gamma(C_t - C_{t-1}) + G_t \tag{3.10}$$

由式（3.10）可知，第 t 期的国民收入 Y_t 由 t - 1 期国民收入 Y_{t-1}、t - 1 期消费 C_{t-1}、t 期消费 C_t、t 期政府购买 G_t、乘数 ψ、加速数 γ 共同决定。增加的收入，通过加速数引致新的投资，再通过乘数促使国民收入增加，从而出现经济繁荣。然而，由于社会需求与资源要素的限制，产出无法持续增加，国民收入难以持久增长，加速数作用的存在导致投资减少，继而通过乘数使国民收入进一步减少，从而出现经济萧条。

3.2.2.2　理性预期学派的经济周期波动理论

20 世纪 70 年代，以卢卡斯、巴罗和萨金特（Lucas, Barro and Sargent）为代表的理性预期学派根据理性经济人原则并利用均衡分析，建立了一个以理性预期为主要特征的经济周期理论，以解释周期性经济波动现象。该理论有两个前提假设：一是理性预期，即经济行为主体都是理性的，在信息充分条件下，对未来经济发展和经济活动的主观预期与经济理论的预期一致；二是短暂替代，即产品和劳动的供给者根据相对价格或相对工资的变化状况，进行即时的产品生产的替代以及劳动时间与闲暇的替代。卢卡斯认为经济周期波动过程中存在七个主要的共同点：（1）各部门的产出波动呈现极高的同步性；（2）非耐用产品的波动幅度小于耐用资本品和耐用消费品；（3）自然资源和农产品的产量波动与价格波动较为一致；（4）企业利润率呈明显趋同态势；（5）价格为超前循环波动；（6）短期利息率为超前循环波动，而长期利息率较不明显；（7）货币流通速度及其总量均为超前循环波动。

根据上述共同特点，理性预期学派认为，价格波动和货币总量波动均领先于产量波动，理应从价格与货币总量方面的波动去探寻经济周期性波动的原因。他们将价格波动分成两类：一类是一般物价水平的变动，即由通货膨胀或通货紧缩引起的价格总水平的变化；另一类是相对价格的变化，即不同产品价格之间比例关系的变化。前者主要由货币总量变化所导致的，而后者主要由消费者偏好及生产技术条件变动所引起的。由于信息不完全，经济行为主体在市场活动中极易混淆上述两种价格波动。假如政府突然增加货币供应量（公众未预期到），一般物价总水平将上升，此时生产者极有可能误认为是自己所生产产品的相对价格上升，从而加大投资，扩大生产规模，经济进入繁荣时期。当信息流动更为充分时，生产者意识到自己之前的预期有误，则会立即纠正，并重新调整生产决策，减少投资，经济进入萧条时期。假如一个国家的总体物价水平较为稳定，政府利用出其不意的通货膨胀政策可较容易制造短暂的经济繁荣。若政府持续多次利用该政策，经济行为主体对政策的敏感程度将下降，当人们事先完全预期到政策效果时，政策将变得无效。

3.3　经济政策不确定性影响经济周期波动的传导机理

根据第 2 章的文献综述可知，经济政策不确定性影响经济周期波动的结论并未完全达成一致，有些学者坚定地认为经济政策不确定性是导致经济周期波动的主要原因之一，还有一些学者认为影响微不足道，以至于可以忽略不计。之所以得到不一致的结论，主要症结在于经济政策不确定性影响经济周期波动的渠道有多个，且既存在正向影响的渠道，也存在负向影响的渠道，由于样本的不同，发挥主要作用的渠道存在差异，或者不同渠道产生的影响结果可能存在抵消效应，从而削弱了经济政策不确定性对经济周期波动的影响。为了更好地剖析经济政策不确定

性影响经济周期波动的传导机理，接下来将从理论模型和传导过程两个
方面展开分析。

3.3.1 理论模型

3.3.1.1 封闭经济条件下的理论模型

在封闭经济条件下，根据支出法，国民收入由三个部分组成，分别
是消费、投资和政府购买。消费由自主消费、国民收入、边际消费倾向
共同决定，投资由自主投资、实际利率、投资的利率弹性共同决定，政
府购买为一个常数 $\overline{G}$。消费函数和投资函数如下所示：

$$C_t = C_0 + \lambda Y_t \tag{3.11}$$

$$I_t = I_0 - \mu i_t \tag{3.12}$$

式（3.11）中，C_t 为 t 期消费，C_0 为自主消费，λ 为边际消费倾向，
Y_t 为 t 期国民收入。式（3.12）中，I_t 为 t 期投资，I_0 为自主投资，μ 为
投资的利率弹性，i_t 为实际利率。

上述函数设定的假设较为严格，假定边际消费倾向和投资的利率弹
性保持不变，与经济现实严重不符。根据已有研究成果，经济政策不确
定性主要通过预防性储蓄效应对消费产生影响，通过实物期权效应和金
融摩擦效应对投资产生影响。如果考虑经济系统受到经济政策不确定性
的影响，边际消费倾向和投资的利率弹性均会附带一个调整参数，以反
映不确定性冲击效果。据此，将 λ、μ 设为：

$$\lambda = \lambda(\delta_{\lambda,t}, \delta_{\lambda,t}) = \overline{\lambda} - \frac{\delta_{\lambda,t}}{\delta_{\lambda,t-1}} \tag{3.13}$$

$$\mu = \mu(\delta_{\mu,t}, \delta_{\mu,t-1}) = \overline{\mu} - \frac{\delta_{\mu,t}}{\delta_{\mu,t-1}} \tag{3.14}$$

式（3.13）中，$\delta_{\lambda,t}$ 为边际消费倾向 λ 的调整参数，$\overline{\lambda}$ 为边际消费倾
向不随时间变化的部分，式（3.14）中 $\delta_{\mu,t}$ 为投资的利率弹性 μ 的调整
参数，$\overline{\mu}$ 为投资利率弹性不随时间变化的部分。

参考布鲁姆等（2007）的思路，假定 $\delta_{\lambda,t+1}$、$\delta_{\mu,t+1}$ 均服从一个平均位移为 γ，方差为 σ_t^2 的几何随机游走过程：

$$\delta_{\lambda,t+1} = \delta_{\lambda,t} + \gamma\delta_{\lambda,t} + \sigma_t U_t \delta_{\lambda,t} \tag{3.15}$$

$$\delta_{\mu,t+1} = \delta_{\mu,t} + \gamma\delta_{\mu,t} + \sigma_t W_t \delta_{\mu,t} \tag{3.16}$$

式（3.15）中，$U_t \sim N(0, 1)$，式（3.16）中 $W_t \sim N(0, 1)$，σ_t 为经济政策不确定性，服从 AR（1）过程：

$$\sigma_{t+1} = \sigma_t + \mu_\sigma(\bar{\sigma} - \sigma_t) + \sigma_\sigma F_t \tag{3.17}$$

式（3.17）中，$F_t \sim N(0, 1)$，$\bar{\sigma}$ 为 σ_t 的长期均值，μ_σ 为 σ_t 到 $\bar{\sigma}$ 的收敛率，σ_σ^2 为相应冲击波动的方差。

那么，国民收入函数可写为：

$$Y_t = C_t + I_t + G_t$$
$$= C_0 + [\bar{\lambda} - (1 + \gamma + \sigma_t U_t)]Y_t + I_0 - [\bar{\mu} - (1 + \gamma + \sigma_t W_t)]i_t + \bar{G} \tag{3.18}$$

进一步整理可得：

$$Y_t = (2 - \bar{\lambda} + \gamma + \sigma_t U_t)^{-1}[(C_0 + I_0 + \bar{G}) - (\bar{\mu} - 1 - \gamma - \sigma_t W_t)i_t] \tag{3.19}$$

进一步观察国民收入对经济政策不确定性的反应程度，可以求 Y_t 对 σ_t 的一阶偏导：

$$\frac{\partial Y_t}{\partial \sigma_t} = -(2 - \bar{\lambda} + \gamma + \sigma_t U_t)^{-2}(C_0 + I_0 + \bar{G})U_t$$
$$+ (2 - \bar{\lambda} + \gamma + \sigma_t U_t)^{-2}U_t(\bar{\mu} - 1 - \gamma - \sigma_t W_t)i_t$$
$$- (2 - \bar{\lambda} + \gamma + \sigma_t U_t)^{-1}i_t W_t \tag{3.20}$$

由于考察的是增长型经济周期，如果要观察经济周期波动对经济政策不确定性的反应情况，则可以进一步求 Y_t 对 σ_t 的二阶偏导：

$$\frac{\partial^2 Y_t}{\partial \sigma_t^2} = 2(2 - \bar{\lambda} + \gamma + \sigma_t U_t)^{-3}(C_0 + I_0 + \bar{G})U_t^2$$
$$- 2(2 - \bar{\lambda} + \gamma + \sigma_t U_t)^{-3}U_t^2(\bar{\mu} - 1 - \gamma - \sigma_t W_t)i_t$$
$$+ 2(2 - \bar{\lambda} + \gamma + \sigma_t U_t)^{-2}W_t U_t i_t \tag{3.21}$$

由于边际消费倾向的调整参数 $\dfrac{\delta_{\lambda,t}}{\delta_{\lambda,t-1}} = 1 + \gamma + \sigma_t U_t$，相当于是经济政策不确定性对消费产生的预防性储蓄效应，投资的利率弹性调整参数 $\dfrac{\delta_{\mu,t}}{\delta_{\mu,t-1}} = 1 + \gamma + \sigma_t W_t$，相当于是经济政策不确定性对投资产生的实物期权效应和金融摩擦效应。我们将边际消费倾向的调整参数记为 δ_λ，投资的利率弹性调整参数记为 δ_μ，则式（3.21）可进一步简写为：

$$
\begin{aligned}
\frac{\partial^2 Y_t}{\partial \sigma_t^2} = {} & 2(\delta_\lambda - \overline{\lambda} + 1)^{-3}(C_0 + I_0 + \overline{G})U_t^2 \\
& - 2(\delta_\lambda - \overline{\lambda} + 1)^{-3}U_t^2(\overline{\mu} - \delta_\mu)i_t \\
& + 2(\delta_\lambda - \overline{\lambda} + 1)^{-2}W_t U_t i_t
\end{aligned}
\tag{3.22}
$$

自主消费、自主投资和政府购买三者之和可以较好地反映一个国家的经济发展水平以及当下的经济基本面，U_t、W_t 均是随机干扰项，可以看作经济政策不确定性冲击下，可收集的有效信息。由式（3.22）可知，经济政策不确定性主要通过预防性储蓄机制和消息信任机制影响经济基本面，通过预防性储蓄机制、实物期权机制、金融摩擦机制和消息信任机制作用于实际利率，最后共同影响经济周期波动。

3.3.1.2　开放经济条件下的理论模型

如果由封闭经济条件转为开放经济条件，则国民收入由四个部分组成，分别是消费、投资、政府购买以及净出口。那么，国民收入可写为：

$$
Y_t = C_t + I_t + G_t + M_t \tag{3.23}
$$

式（3.23）中，M_t 为净出口。根据宏观经济学理论知识，净出口函数可设定为：$M_t = M_0 - \kappa_1 Y_t - \kappa_2 E_t$，$E_t$ 为实际汇率，M_0、κ_1、κ_2 分别为自主净出口额、净出口的收入弹性、实际汇率弹性。

开放经济条件下，由于国内外经济政策不确定性的存在，净出口的收入弹性和实际汇率弹性均可能附带一个调整参数，设 $\kappa_1 = \kappa_1(\delta_{\kappa1,t}$, $\delta_{\kappa1,t-1}) = \overline{\kappa}_1 - \dfrac{\delta_{\kappa1,t}}{\delta_{\kappa1,t-1}}$，$\kappa_2 = \kappa_2(\delta_{\kappa2,t}$, $\delta_{\kappa2,t-1}) = \overline{\kappa}_2 - \dfrac{\delta_{\kappa2,t}}{\delta_{\kappa2,t-1}}$，则净出口函数

可改写为：

$$M_t = M_0 - \left(\overline{\kappa}_1 - \frac{\delta_{\kappa1,t}}{\delta_{\kappa1,t-1}}\right)Y_t - \left(\overline{\kappa}_2 - \frac{\delta_{\kappa2,t}}{\delta_{\kappa2,t-1}}\right)E_t \qquad (3.24)$$

式（3.24）中，$\delta_{\kappa1,t}$ 为净出口收入弹性 κ_1 的调整参数，$\overline{\kappa}_1$ 为 κ_1 不随时间变化的部分，$\delta_{\kappa2,t}$ 为净出口汇率弹性 κ_2 的调整参数，$\overline{\kappa}_2$ 为 κ_2 不随时间变化的部分。

开放经济条件下，由于经济政策不确定性存在溢出效应，国内外经济政策不确定性的影响后果不是简单的相加，可能存在乘数放大效应。参考布鲁姆等（2007）、Saijo（2017）的思路，假定 $\delta_{\kappa1,t}$、$\delta_{\kappa2,t}$ 均服从一个平均位移为 γ，方差为 σ_t^2 的几何随机游走过程：

$$\delta_{\kappa1,t+1} = \delta_{\kappa1,t} + \gamma\delta_{\kappa1,t} + \sigma_t H_{1t}\delta_{\kappa1,t} + \sigma_{f,t}H_{1f,t}\delta_{\kappa1,t} + \kappa_1'\sigma_t\sigma_{f,t}H_{1s,t}\delta_{\kappa1,t}$$

$$(3.25)$$

$$\delta_{\kappa2,t+1} = \delta_{\kappa2,t} + \gamma\delta_{\kappa2,t} + \sigma_t H_{2t}\delta_{\kappa2,t} + \sigma_{f,t}H_{2f,t}\delta_{\kappa2,t} + \kappa_2'\sigma_t\sigma_{f,t}H_{2s,t}\delta_{\kappa2,t}$$

$$(3.26)$$

式（3.25）中 $H_{1t} \sim N(0,1)$、$H_{1f,t} \sim N(0,1)$、$H_{1s,t} \sim N(0,1)$，$H_{2t} \sim N(0,1)$、$H_{2f,t} \sim N(0,1)$、$H_{2s,t} \sim N(0,1)$，$\sigma_{f,t}$ 为国外经济政策不确定性，κ_1'、κ_2' 为经济政策不确定性对相应变量的乘数。

假定消费函数和投资函数形式保持不变，但调整参数会同时受到国内外经济政策不确定性的共同影响。因此，式（3.15）、式（3.16）可分别改写为：

$$\delta_{\lambda,t+1} = \delta_{\lambda,t} + \gamma\delta_{\lambda,t} + \sigma_t U_t\delta_{\lambda,t} + \sigma_{f,t}U_{f,t}\delta_{\lambda,t} + \lambda'\sigma_t\sigma_{f,t}U_{s,t}\delta_{\lambda,t}$$

$$(3.27)$$

$$\delta_{\mu,t+1} = \delta_{\mu,t} + \gamma\delta_{\mu,t} + \sigma_t W_t\delta_{\mu,t} + \sigma_{f,t}W_{f,t}\delta_{\mu,t} + \mu'\sigma_t\sigma_{f,t}W_{s,t}\delta_{\mu,t}$$

$$(3.28)$$

式（3.27）中，$U_{f,t} \sim N(0,1)$、$U_{s,t} \sim N(0,1)$，式（3.28）中，$W_{f,t} \sim N(0,1)$、$W_{s,t} \sim N(0,1)$，λ'、μ' 为经济政策不确定性对相应变量的乘数。为了简化形式，我们将 $\overline{\lambda} - (1 + \gamma + \sigma_t U_t + \sigma_{f,t}U_{f,t} + \lambda'\sigma_t\sigma_{f,t}U_{s,t})$ 记为 A_1，$\overline{\kappa}_1 - (1 + \gamma + \sigma_t H_{1t} + \sigma_{f,t}H_{1f,t} + \kappa_1'\sigma_t\sigma_{f,t}H_{1s,t})$ 记为 A_2，$\overline{\mu} - (1 +$

$\gamma + \sigma_t W_t + \sigma_{f,t} W_{f,t} + \lambda' \sigma_t \sigma_{f,t} W_{s,t}$）记为 A_3，$\overline{\kappa}_2 - (1 + \gamma + \sigma_t H_{2t} + \sigma_{f,t} H_{2f,t} + \kappa'_2 \sigma_t \sigma_{f,t} H_{2s,t}$）记为 A_4。那么，开放经济条件下，国民收入可进一步简写为：

$$Y_t = (1 - A_1 + A_2)^{-1}(C_0 + I_0 + \overline{G} + M_0) - A_3(1 - A_1 + A_2)^{-1} i_t$$
$$- A_4(1 - A_1 + A_2)^{-1} E_t \tag{3.29}$$

观察经济周期波动对经济政策不确定性的反应，可以求解国民收入对经济政策不确定性的二阶偏导：

$$\frac{\partial^2 Y_t}{\partial \sigma_t^2} = 2(1 - A_1 + A_2)^{-3} A_5^2 (C_0 + I_0 + \overline{G} + M_0)$$
$$+ 2A_3(1 - A_1 + A_2)^{-3} A_5^2 i_t$$
$$+ 2A_4(1 - A_1 + A_2)^{-3} A_5^2 E_t \tag{3.30}$$

$$\frac{\partial^2 Y_t}{\partial \sigma_{f,t}^2} = 2(1 - A_1 + A_2)^{-3} A_6^2 (C_0 + I_0 + \overline{G} + M_0)$$
$$+ 2A_3(1 - A_1 + A_2)^{-3} A_6^2 i_t$$
$$+ 2A_4(1 - A_1 + A_2)^{-3} A_6^2 E_t \tag{3.31}$$

式（3.30）中，$A_5 = U_t + \lambda' \sigma_{f,t} U_{s,t} - H_{1t} - \kappa'_1 \sigma_{f,t} H_{1s,t}$，式（3.31）中，$A_6 = U_{f,t} + \lambda' \sigma_t U_{s,t} - H_{1f,t} - \kappa'_1 \sigma_t H_{1s,t}$。$A_5$、$A_6$ 主要包含了经济不确定性的乘数效应，A_1 主要包含了对国内消费的预防性储蓄效应、A_2 主要包含了对净出口额的预防性储蓄效应，A_3 主要包含了对投资的实物期权效应和金融摩擦效应。由于实际汇率主要度量的是两国货币购买力的相对关系，从这一角度来看，它也属于价格的一种，经济政策不确定性主要通过消息和信任机制对其产生作用。因此，A_4 主要反映了经济政策不确定性通过消息和信任机制影响实际汇率。

由式（3.30）、式（3.31）可知，在开放经济条件下，国内外经济政策不确定性会交互影响。自主消费、自主投资、政府购买和自主净出口额四者之和可以较好反映开放国家的经济发展水平及其经济基本面。经济政策不确定性主要通过不确定性乘数机制和预防性储蓄机制作用于经济基本面，通过乘数机制、预防性储蓄机制、实物期权机制和金融摩擦机制作用于实际利率进而影响投资，通过消息和信任机制、预防性储蓄机制、乘数机制作用于实际汇率，最后叠加综合影响经济周期波动。

如果将封闭经济条件下的理论模型与开放经济条件下进行对比，很容易发现，后者中经济政策不确定性对经济周期波动的影响机制更为复杂，特别是不确定性的乘数效应导致经济政策不确定性的影响后果更为严重。特别值得注意的是，开放经济条件下，国内外经济政策不确定性之间的交互作用，其最终影响不仅涉及经济政策不确定性本身的绝对水平，还需要进一步考虑两者之间的相对值，即要深入剖析两者之间存在的较量。

3.3.2　传导过程

根据已有研究成果，学者们认为经济政策不确定性存在明显的溢出效应，为了更好地剖析经济政策不确定性影响经济周期波动的传导机理，将其分成两个部分分别来阐述：一是本国经济政策不确定性影响国内经济周期波动的传导过程，即国内传导过程；二是一国经济政策不确定性影响他国经济周期波动的传导过程，即国际传导过程。

3.3.2.1　国内传导过程

就目前而言，研究学者认为经济政策不确定性主要通过实物期权机制、金融摩擦机制、预防性储蓄机制、消息和信任机制对投资、消费等主要宏观经济变量产生影响，进而导致经济周期波动。当一国国内的经济政策不确定性升高时，经济行为主体对未来经济发展的预测难度加大，调整或改变经济决策的风险增加，理性经济人趋利避害与追求利润最大化这一特质，使得生产性企业暂缓投资、停止雇佣、维持现状，以谨慎的态度应对。为企业和个人提供资金支持的金融机构，在高经济政策不确定性条件下，预测坏账的可能性提高，为了弥补高风险给自身带来的损失，会要求更高的风险溢价，进一步加剧了生产性企业的融资成本，同时也加大了个人提前消费的成本。生产性企业融资成本的增加以及对未来风险升高的预期，将进一步制约其投资和雇佣。生产性企业不景气，新增加的劳动力就业困难，已有劳动力工作转换难度飙升，劳动力市场摩擦加大，进一步增加了劳动力的就业成本。同时作为消费者的劳动力，由于求职成本和向金融机构贷款的成本均增加，根据流动性约束假说和预防性储蓄理论，将会减少当期消费。消费减少，意味着生产性企业的产品难以销售出去，商品积压，库存增加，资金回笼缓慢，经营成本增加，绩效不佳。生产性企业薪酬模式主要为"基本工资＋绩效提成"，当绩效不佳时，劳动者的工资收入下降，将进一步减少消费。当企业减少投资和雇佣，消费者减少消费，整个经济系统的信息流动缓慢，导致实体经济不确定性随之增加，经济陷入螺旋下降的泥潭，进入经济周期收缩阶段。

当经济政策不确定性大幅下降时，经济行为主体预测未来经济向好，预期未来资本边际效率增加，生产性企业增加投资和雇佣，扩大生产规模。金融机构估计企业和个人的坏账风险下降，放松信贷，利率下降，企业融资成本减少。企业在融资成本下降和预期资本边际效率提升的双重刺激下，将进一步扩大投资，增加雇佣，新增劳动力就业形势向好，已有劳动力岗位调动顺畅，劳动力市场摩擦减小，就业成本下降。根据生命周期—持久收入理论，劳动者将会拿未来的收入平滑当期消费，从而增加当前消费。消费需求增加，将会进一步减少企业库存，加快资金回笼速度，减缓企业的现金流压力，提高企业经营绩效，有利于企业扩大生产，增加产品供应，刺激投资需求，同时促使劳动力的收入增加，进一步提高购买力，反过来促进消费需求。企业之间、产业之间等的信息流动更加活跃，经济行为主体收集有用信息的渠道更多，成本更低，对未来的预测更准确，经济系统进入螺旋向上运行阶段，从而进入经济周期扩张阶段。为了更好地呈现经济政策不确定性影响经济周期波动的国内传导机理，将其绘制成图，具体内容如图 3.1 所示。

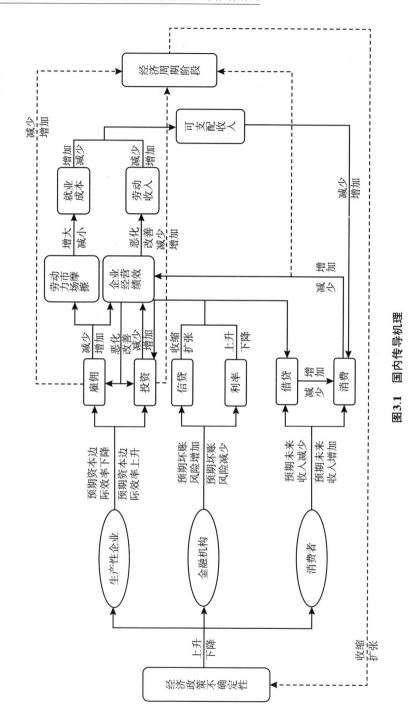

图3.1 国内传导机理

3.3.2.2　国际传导过程

为了更好地阐述经济政策不确定性影响经济周期波动的国际传导过程，本小节以开放经济条件下的 A 国和 B 国为例。如果 A 国的经济政策不确定性上升，A 国的开放经济部门受到不利影响，由于预防性储蓄效应的存在，A 国消费者减少当前消费，进口消费随之减少，则 A 国从 B 国进口的产品减少。受到 A 国经济政策不确定性的不利影响，由于金融摩擦效应和实物期权效应的产生，A 国出口企业的融资成本增加，从而延迟投资，缩减生产，出口规模缩减。根据克罗尔（Krol，2014）的研究显示，汇率波动很大程度上由经济行为主体对经济基本面和政策的预期决定，经济政策不确定性上升，导致人们对未来经济发展不看好，即有不好的预期，加剧了汇率波动（金雪军等，2014），汇率波动对国际贸易产生消极影响（Auboin & Ruta，2013）。A 国与 B 国之间的双边贸易总额缩水，B 国开放经济部门受到不利影响，向上下游产业链扩散，对非开放经济部门产生负面影响。与此同时，受到 A 国经济政策不确定性的冲击，B 国经济政策不确定性随之上升，通过国内传导途径进一步影响 B 国的投资与消费。在内外经济政策不确定性的双重夹击下，B 国经济向下运行，进入经济周期收缩阶段。

如果 A 国的经济政策不确定性下降，经济行为主体预期未来经济发展良好，A 国开放经济部门受到积极影响，扩大投资和生产，消费者的消费需求同时扩大，对 B 国的进口需求随之上升。受到 A 国经济政策不确定性的正面影响，B 国经济政策不确定性随之下降，通过国内传导渠道，刺激 B 国国内的消费和投资，B 国的进口需求随之上升，进一步刺激 A 国出口额的增加。经济政策不确定性下降，有利于汇率保持稳定，从而促使价格稳定，减少输入性通货膨胀，保持经济系统稳定，促进国际贸易。A 国与 B 国之间的双边贸易总额增加，B 国开放经济部门受到积极影响，向上下游产业链扩散，对非开放经济部门产生有利影响，B 国经济向上运行，进入经济周期扩张阶段。为了更好地展示经济政策不确定性影响经济周期波动的国际传导过程，将其绘制成图，具体内容如图 3.2 所示。

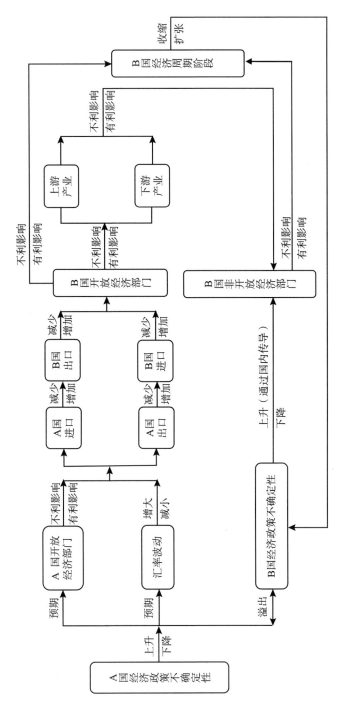

图3.2 国际传导机理

3.4　本章小结

　　本章界定了核心概念，着重梳理了预期理论和经济周期理论，寻找到了经济政策不确定性影响经济周期波动的理论支撑，将经济政策不确定性的实物期权效应、金融摩擦效应、预防性储蓄效应等纳入宏观经济模型中，并分别探讨封闭经济条件和开放经济条件两种情形下，经济政策不确定性对国民产出的影响。根据已有研究成果，进一步阐述了经济政策不确定性影响经济周期波动的国内传导过程和国际传导过程。开放经济条件下，国内外经济政策不确定性之间的交互影响，加上不确定性的乘数效应，导致经济政策不确定性的影响后果更为严重。

第4章 经济政策不确定性与经济周期波动的现状分析

英国脱欧、中美贸易争端、新冠疫情、俄乌冲突等国际大事频发，相关国家为了稳定经济发展，出台一系列经济政策，调整政策组合，进一步加剧了经济政策不确定性程度。全球金融危机爆发之后，经济政策不确定性成为经济不确定性的重要表现形式，它对宏观经济的影响逐渐成为政策制定者与学者研究的重点与焦点问题。近年来，经济政策不确定性水平节节攀升，世界经济复苏缓慢，经济政策不确定性与经济周期波动之间因果关系的识别需进一步深入分析。本章主要对经济政策不确定性和经济周期波动进行细致的现状分析，具体包括以下内容：第一，根据国家特征，分类剖析经济政策不确定性的现状，描述全球经济政策不确定性概况；第二，采用多种方法测度经济周期波动，并对其特征进行相应描述分析与比较；第三，运用协整检验、格兰杰因果检验方法对经济政策不确定性与经济周期波动之间的相关性进行初步探讨，为后续的实证分析奠定基础，提供现实依据。

4.1 经济政策不确定性的测度与现状分析

经济政策不确定性主要产生于谁来做经济政策决策、采取什么样的经济政策行动以及政策经济效应何时起作用等政策调整过程（Baker et al.，2016）。准确识别经济政策不确定性是进行深入研究的重要前提，并对其特征进行细致剖析以便更全面认识经济政策不确定性，使得研究结论更加符合实际。

4.1.1　经济政策不确定性的测度方法说明

经济政策不确定性是一个无法直接观测的变量，严格意义上来说，已有的经济政策不确定性指标并非来自现有的经济变量，而只是一个代理变量。经济政策不确定性并非单一的某种政策不确定性，而应该从宏观经济运行环境、体制层面、预测差值等多个维度同时捕捉政策不确定性特征，是多种政策不确定性的综合整体反映。贝克等（2016）基于报纸覆盖频率而构建的经济政策不确定性指数（EPU 指数）正好具备上述优势，本章将采用 EPU 指数来测度经济政策不确定性。

EPU 指数由三个部分组成：一是新闻指数，通过统计各国大型报社中与经济政策不确定性有关的文章数目来衡量；二是税法法条失效指数，通过统计每年失效的税法法条数目来衡量税法变动的不确定性；三是经济预测差值指数，具体分为 CPI 预测差值和联邦（中央）或地方（州）政府支出预测差值，通过考察不同预测机构对重要经济指标的预测差异来衡量不确定性（董德志和柯聪伟，2015）。EPU 总指数由 1/2 的新闻指数、1/6 的税法法条失效指数、1/6 的 CPI 预测差值和 1/6 的联邦（中央）或地方（州）政府支出预测差值加权求和所得（董德志和柯聪伟，2015）。

构建 EPU 指数的步骤如下。

（1）选择目标报纸。

（2）检索与"economy（经济）""policy（政策）""uncertainty（不确定性）"等相关的关键词并统计文章数目。

（3）标准化报纸统计结果相关序列。标准化具体过程为：第一步，计算报纸 i 在时间间隔为 T_1 的时序方差，记为 σ_i^2；第二步，将统计得到

的报纸频率数 X_{it} 除以标准差 σ_i 进行标准化，得到的序列记为 Y_{it}；第三步，计算 Y_{it} 的均值 Z_t；第四步，计算 Z_t 时间间隔为 T_2 的均值 M；第五步，对 Z_t 进行标准化，标准化公式为 $Z_t \times 100/M$，所得结果即为 EPU 指数。

回顾 EPU 指数构建过程可知，该指数包含了关于经济政策不确定性范围与性质的有用信息，与其他测度方法比较而言，有三个突出的优势：一是可以拓展到更多的国家与地区，具有更好的持续性；二是可以获取更高频率的数据，由于报纸每日更新，甚至可以得到日频数据；三是可以根据关键词进行分类分析，构建特定类别指数。

4.1.2　经济政策不确定性的现状分析

4.1.2.1　全球经济政策不确定性

根据贝克等（2016）的测算，将全球经济政策不确定性绘制成折线图，如图 4.1 所示。1998 年 9 月，全球经济政策不确定性指数高达 151.4，形成了一个尖锐的波峰，1999 年之后迅速回落，直到 2001 年 9 月再次出现高峰。随后，该指数在 2003 年、2008 年、2012 年、2015 年、2016 年、2017 年均出现尖锐波峰，特别是 2017 年 1 月再创历史新高，达到 283.2[①]。回顾近 3 年全球经济政策不确定性指数值，其最显著的特征是大起大落，波动幅度和波动频率远超历史水平，这说明全球都面临着更为严峻的经济政策不确定性难题。自 2008 年国际金融危机爆发之后，无论是从波峰来看，还是从波谷来看，全球经济政策不确定性水平均大幅提升。这无疑进一步制约了全球经济复苏的步伐，使得全球经济的发展更加难以捉摸。

---

① 资料来源于经济政策不确定性指数网站：http：//www.policyuncertainty.com/index.html。

图 4.1　全球经济政策不确定性

4.1.2.2　美国、日本、英国主要发达国家的经济政策不确定性

美国、日本、英国分别属于北美洲、亚洲、欧洲，是发达国家中极具代表性的三个国家，三者的经济实力与国际影响力皆位居世界前列。美、日、英三国国内的经济政策不确定性极易产生"蝴蝶效应"，牵一发而动全身，它们各自国内的小变化很容易传播出去，影响别的国家。为了更细致了解这些国家的经济政策不确定性水平，将其绘制成折线图，具体内容如图 4.2 所示。

由图 4.2 可知，2004～2010 年，无论是从波动的形状来看，还是从具体的水平值来看，美国、日本和英国的经济政策不确定性水平呈现明显的趋同。1997～2003 年，受亚洲金融危机、"9·11"事件的影响，三国之间的经济政策不确定性呈现分化趋势。在亚洲金融危机期间，日本的经济政策不确定性水平明显高于英国和美国，1999 年开始有所回落。2001 年，"9·11"事件的爆发，刺激了美国经济政策不确定性的飙升，逐渐领先于英国与日本。2011～2017 年，英国与美国、日本两国之间分化程度达到历史最高值，2012 年的欧元区危机为第一个分水岭，2016 年的英国脱欧公投成为第二个分水岭。在此期间，美国与日本的经济政策不确定性贴合程度较高，呈现出明显的"联动"效应。2012 年之后，英国的波动频率与波动幅度远高于美日二国，2016 年 7 月达到历史最高值 1141.8，而美国与日本的值分别为122.0、214.4，几乎是它们的 5 ~ 9 倍。由此可知，当没有全球关注的大事件发生时，美国、日本和英国的经济政策不确定性呈现明显的趋同，即联动效应较强，而当各自国内发生不可抗力的大事件后，其经济政策不确定性水平呈现急剧的变化，原有的趋同将被打破而呈现明显的分化趋势。

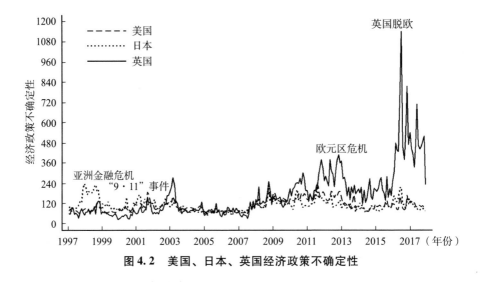

图 4.2　美国、日本、英国经济政策不确定性

4.1.2.3　金砖国家的经济政策不确定性

上文对世界主要发达国家美国、日本、英国的经济政策不确定性的特点进行了相应描述，而发展中国家与发达国家的国情存在巨大差异，其经济政策不确定性的特点肯定与发达国家的截然不同。为了抓住发展中国家的主要特征，将针对金砖国家进行细致剖析。为了更直

观把握金砖国家的特点，将其经济政策不确定性绘制成折线图，具体内容如图 4.3 所示。

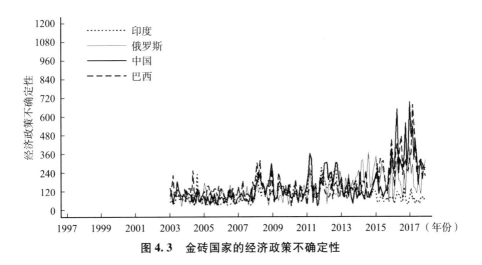

图 4.3　金砖国家的经济政策不确定性

从水平值来看，巴西的平均水平最高，其次是中国、俄罗斯，水平值最低的是印度，其中中国与巴西的联动效应明显高于俄罗斯与印度。全球金融危机之后，金砖国家的波动幅度明显扩大，整体水平随之上升。特别是 2014 年之后，俄罗斯、中国、巴西多次出现尖锐的波峰，而印度截然不同，反而呈现逐渐降低的态势。俄罗斯的波动方向大多与中国、巴西背道而驰，俄罗斯的波峰之处，往往是中国与巴西的波谷，呈现明显的负向联动。从整体来看，金砖国家的经济政策不确定性的波动幅度与波动频率均要高于美国、日本。从某种程度上来说，发展中国家对风险和不确定性的抵抗能力整体上不如发达国家。

无论从全球视野来看，还是从单个的发达国家或发展中国家来看，经济政策不确定性均呈现越来越严重的态势，其波动也越来越剧烈。特别是全球金融危机爆发之后，经济政策不确定性水平连攀高峰，远超历史水平，成为全球共同面对的严峻挑战。

4.2 经济周期波动的测度与特征分析

4.2.1 经济周期波动的测度方法说明

经济周期波动是理论经济学研究的主旋律之一，随着研究的不断深入，测度经济周期波动的方法层出不穷，概括而言，主要有差分法、时间去趋势法、HP 滤波法、BK 滤波法、滚动标准差等。由于不同的方法，数据生成机制存在显著差异，导致经济周期波动的测算结果存在一定区别。大部分宏观经济变量（如产出、GDP 增长率等）存在明显的时间趋势，一般来说主要包含四种变动因素，分别是：长期趋势要素、循环要素、季节变动要素和随机要素（高铁梅等，2015）。因此，在测度经济周期波动时需要将时间趋势、周期性波动、季节波动、随机波动区分开来，并且将其中的时间趋势成分、季节波动成分与随机波动成分剔除出去。

本书所研究的经济周期波动是指宏观经济偏离某一缓慢变动路径的短期波动，需要去除趋势成分，以基于时频域的滤波方法来测度更为合适。就目前而言，在宏观经济研究中广泛运用的滤波方法主要有：一是基于时域的 HP 滤波；二是基于频域的带通滤波法，如 BK 滤波、CF 滤波。巴克斯特和金（Baxter & King，1999）指出 HP 滤波具有三个突出优点，一是不会引起相位漂移；二是可以去趋势且频率响应函数在零频率处为 0；三是可较好逼近高通滤波。然而，HP 滤波分解结果依赖于参数 λ 的取值，且得到的循环成分包含了某些高频波动成分。与 HP 滤波不同，BK 滤波和 CF 滤波基于频域分析，可根据时间序列的先验信息，分离出中间频率的分量，剔除高频和低频成分，BK 滤波可看成 CF 滤波的特殊情况。然而，带通滤波的分解结果依赖于截断点 n，n 选择过小，容易造成谱泄露或摆动问题，n 选择过大，滤波效果可能更好，但会损失时间序列两端更多的信息（刘保枝，2017）。由此可知，很难判断哪种滤波方法的性质更好。由于宏观时间序列数据的长度较短，信息损失过多不利于深入分析其特征。此外，HP 滤波、BK 滤波和 CF 滤波的分解结果在波动形态上并无明显差异，因此，本章将使用 HP 滤波测度经济周期波动。

HP 滤波方法由霍德里克和普雷斯考特（Hodrick & Prescott，1997）首次提出，用于分析美国战后经济周期，其主要基于经济增长趋势项是一个平滑项的假设，从特定经济时间序列中提取出一个平滑趋势项作为潜在的趋势项。此后，HP 滤波在经济周期分析中得到了广泛应用，该方法的基本原理如下。

设 Z_t 为剔除季节成分和随机成分的经济时间序列，同时包含趋势成分和周期性成分，则 $Z_t = Z_t^T + Z_t^C$，t = 1，2，…，T，其中 Z_t^T 为趋势成分，Z_t^C 为周期性成分。HP 滤波方法就是要将 Z_t^T 从 Z_t 中分离出来，计算 Z_t^T 可转化为求下面最小化问题的解：

$$\min \sum_{t=1}^{T} \{ (Z_t - Z_t^T)^2 + \lambda [b(L) Z_t^T]^2 \} \qquad (4.1)$$

其中 b(L) 为延迟算子多项式：

$$b(L) = (L^{-1} - 1) - (1 - L) \qquad (4.2)$$

将式（4.2）代入式（4.1）中，可得：

$$\min \{ \sum_{t=1}^{T} (Z_t - Z_t^T)^2 + \lambda \sum_{t=2}^{T-1} [(Z_{t+1}^T - Z_t^T) - (Z_t^T - Z_{t-1}^T)]^2 \} \qquad (4.3)$$

式（4.3）中，花括号里第一部分为周期性成分的度量，第二部分是趋势项平滑程度的度量，λ 为平滑参数，调节二者的权重。当 λ = 0 时，则损失函数最小化问题可写为 $\min \sum_{t=1}^{T} (Z_t - Z_t^T)^2$，趋势序列将与原始序列重合。当 λ→∞，估计得到的趋势序列将接近于线性函数。HP 滤波的分解结果依赖于 λ 的取值，对于不同频率的数据，λ 取值存在较大差异。根据已往大量研究，月度数据、季度数据、年度数据分别赋予 λ 的值为 14400、1600、100。

HP 滤波方法在国内外经济周期分析中得到了广泛运用，其分解结果与 BK 滤波、CF 滤波相差不大，且能保持数据信息的完整性，拥有较好性质，用作本书经济周期波动测度方法较为合适。

4.2.2 数据处理与样本说明

经济周期波动与宏观经济时间序列息息相关，在测度经济周期波动之前，首先要从海量的经济指标中选出能灵活迅速反映经济周期波动的景气指标。根据以往经验，大部分研究学者采用 GDP 增长率作为测度经济周期波动的原始序列。由于 G20 既包含发达国家，同时也包含发展中国家（含新兴市场国家），G20 国家①的 GDP 占全球 GDP 的 90%，贸易总额达到了全球贸易的 80%，是世界经济的缩影，具有较好的代表性。因此，本研究将从全球与 G20 国家的视角，分别测度经济周期波动，从整体到部分，以更全面了解经济周期波动。与经济周期波动紧密相连的经济指标还有消费、投资、净出口、就业、M2 增速等，对这些指标的分析，有利于更清楚把握经济周期波动变动背后的深层次原因。

（1）GDP 增长率。

由于全球 GDP 只有年度数据，缺乏季度数据和月度数据，为了保证数据量充足，将选取 1960～2017 年以 2010 年不变美元价折算的全球 GDP 总额年度数据，再整理计算得到实际的全球 GDP 年度增长率数据②。G20 国家 GDP 增长率采用的是季节调整后的同比增长数据，以避免计算时产生负值。所有缺省数据均采用插值外推法补齐。全球 GDP 总额数据

---

① G20 包含 19 个国家和 1 个地区（欧盟），其中 G20 国家分别是阿根廷、澳大利亚、巴西、韩国、德国、俄罗斯、法国、加拿大、美国、墨西哥、南非、日本、沙特阿拉伯、土耳其、意大利、印度、印度尼西亚、英国、中国。文中提到的 G20 国家均指上述 19 个国家。

② 计算公式为：$rate_t = \left(\dfrac{gdp_t - gdp_{t-1}}{gdp_{t-1}} \right) \times 100\%$，其中 $rate_t$ 为 t 期全球 GDP 增长率，gdp_t 和 gdp_{t-1} 分别为 t 期和 t-1 期全球 GDP 总额。

来源于 WDI 数据库，中国 GDP 增长率季度数据来源于国泰安数据库，阿根廷 GDP 增长率季度数据来源于阿根廷地理暨普查局数据，沙特阿拉伯 GDP 增长率数据来源于沙特阿拉伯中央统计局数据，其他 G20 国家 GDP 增长率季度数据来源于 FRED 数据库。

（2）其他经济指标。

消费、投资、净出口、就业等指标与 GDP 增长率这一基准指标紧密相关，利用时差相关分析方法验证指标之间的先行、一致或滞后关系，可更敏感反映当前经济运行情况，以更系统了解经济周期波动特征，为探索平缓经济周期波动的对策措施提供丰富的现实依据。全球范围内的消费、资本形成总额、固定资本形成、进口、出口、M2 增速、通货膨胀等数据均来自 WDI 数据库，样本范围为 1971～2016 年。

参照刘金全等（2017）的做法，除了指数序列和增长率序列外，将选择上述经济指标的可比价序列并计算相应的增长率序列，以便与基准指标全球实际 GDP 增长率序列进行比较分析，再统一使用 HP 滤波方法进行分解，将趋势成分分离出来。数据的相关特征如表 4.1 所示。

表 4.1　　　　全球主要宏观经济指标周期性成分描述性统计

变量名称	变量符号	观测值	标准差	一阶自相关系数	二阶自相关系数
实际 GDP 增长率	wgdp	46	1.156	- 0.054	- 0.440
最终消费增长率	consump	46	0.600	- 0.009	- 0.425
资本形成总额增长率	totalcap	46	4.572	- 0.181	- 0.323
固定资本形成增长率	fixcap	46	2.514	0.137	- 0.410
进口总额增长率	import	46	3.836	- 0.222	- 0.298
出口总额增长率	export	46	3.519	- 0.284	- 0.262
M2 增长率	M2	46	2.685	- 0.082	- 0.313
通货膨胀	inflation	46	1.348	0.039	- 0.448

由表 4.1 可知，从标准差来看，总资本形成增长率、进口总额增长

率和出口总额增长率的标准差位居前三，说明三者的波动程度更剧烈。根据自相关图来看，上述宏观经济变量主要呈现为二阶自相关，从二阶自相关系数绝对值的大小来看，实际GDP增长率、最终消费增长率和固定资本形成增长率的持续性相对更强。整体而言，二阶自相关系数均为负值，且绝对值均在0.45以内，说明所有变量的周期性成分在上升和下降阶段交替频繁，短期内波动频率较高，总体持续性较弱。

为了更好地剖析主要宏观经济变量与实际GDP增长率之间的先行、滞后关系，本小节将采用时差相关分析方法计算变量之间的协同性，具体的计算公式如下：

$$
corr_h = \frac{\sum_{t=1}^{T} (a_{t+h} - \bar{a})(b_t - \bar{b})}{\sqrt{\sum_{t=1}^{T} (a_{t+h} - \bar{a})^2 \sum_{t=1}^{T} (b_t - \bar{b})^2}} \tag{4.4}
$$

式（4.4）中，$a = \{a_1, a_2 \cdots a_T\}$ 为被选择指标，$b = \{b_1, b_2 \cdots b_T\}$ 为基准指标实际GDP增长率，T为样本个数，corr为时差相关系数，h为超前、滞后期，取正数时表示滞后，取负数时表示超前。若 $corr_h$ 为正，说明被选择变量与实际GDP增长率周期呈顺周期关系，若 $corr_h$ 为负，则为逆周期关系。在判定被选择指标与基准指标之间的先行或滞后关系时，需将最大延迟数以内的所有时差相关系数计算出来并进行比较，其中时差相关系数绝对值最大时所对应的超前或滞后期g，即可视为被选择指标超前或滞后基准指标g期。由于上述指标采用的是年度数据，本小节将计算 [-3, 3] 之间的时差相关系数进行分析，且所有指标都采用的是HP滤波后的周期性序列，计算结果如表4.2所示。

表4.2　　　　　全球主要宏观经济指标与实际GDP增长率
周期成分的时差相关系数

变量	时差年数 h						
	-3	-2	-1	0	1	2	3
实际GDP增长率	-0.178	-0.364	0.045	1	0.019	-0.377	-0.115

续表

变量	时差年数 h						
	-3	-2	-1	0	1	2	3
最终消费增长率	-0.124	-0.520	0.208	0.835	-0.149	-0.288	-0.040
资本形成总额增长率	0.026	-0.369	-0.102	0.793	-0.060	-0.339	-0.176
固定资本形成增长率	-0.121	-0.446	-0.008	0.935	0.104	-0.381	-0.206
进口总额增长率	-0.059	-0.260	-0.213	0.919	-0.029	-0.451	-0.016
出口总额增长率	-0.035	-0.225	-0.264	0.869	-0.017	-0.457	-0.044
M2 增长率	-0.188	-0.074	0.457	0.108	-0.253	0.011	-0.019
通货膨胀	0.139	0.028	-0.646	0.076	0.411	-0.077	-0.028

　　由表 4.2 可知，除了通货膨胀外，其他宏观经济变量与实际 GDP 增长率呈现高度同步顺周期变化。作为实际 GDP 主要构成部分的最终消费、资本形成总额、进口总额和出口总额，是基准指标的一致性指标。固定资本形成是实际 GDP 的一致性指标，二者之间最大的时差相关系数为 0.935，位居首位，远高于资本形成总额与实际 GDP 之间的最大时差相关系数。从最大的时差相关系数绝对值来看，M2 领先于实际 GDP 周期性成分 1 年，为先行指标；通货膨胀与实际 GDP 的最大时差相关系数在 h = -1 时产生，其绝对值为 0.646，且符号为负，说明通货膨胀与实际 GDP 呈逆周期变化且超前 1 年，为先行指标。

　　综合表 4.1、表 4.2 来看，最终消费波动最小，与实际 GDP 的最大时差相关系数超过 0.8，且为一致指标，刺激最终消费是推动 GDP 增长的较有效的措施。通货膨胀的波动程度小于 M2，与实际 GDP 的最大时差相关系数的绝对值高于 M2，从这一角度看，控制通货膨胀比控制 M2 增长更有利于直接保障 GDP 的持续增长。资本形成总额的波动性最大，而与实际 GDP 的最大时差相关系数仅为 0.793，因此，对于资本形成总额应该重在"求稳"。进口总额和出口总额的波动性仅次于资本形成总额，而最大时差相关系数仅次于固定资本形成总额，为了充分发挥净出口对实际产出的拉动作用，应该保持二者的平稳增长。与刘金全等

（2017）有所不同，他们认为进出口与我国实际 GDP 的相关性较弱。然而，从全球经济视角来看，进口总额、出口总额等国际贸易是推动世界经济增长的主要方式之一。

4.2.3 经济周期波动的特征分析

4.2.3.1 全球经济周期波动

2008 年国际金融危机爆发之后，全球经济复苏缓慢，2009 年全球 GDP 增速为 - 1.73%，是 1960 年以来首次出现负增长。国际贸易与投资总额逐渐萎缩，甚至出现逆全球化趋势，给原本屡受冲击的世界经济雪上加霜。为了更细致地剖析全球经济周期波动特征，本书将采用 HP 滤波方法，将全球 GDP 增长率序列进行分解，分解结果如图 4.4 所示。不难发现，HP 滤波的分解结果与 BK 滤波、CF 滤波较为吻合，说明分解结果较为稳定可靠。

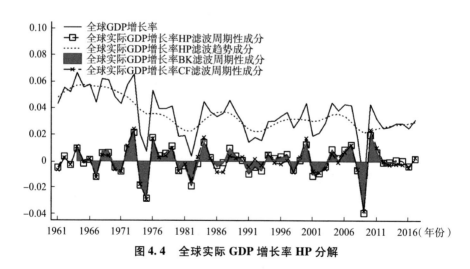

图 4.4 全球实际 GDP 增长率 HP 分解

由图 4.4 可知，HP 滤波方法分离得到的全球实际经济增长率趋势成分，整体上呈现波动下滑趋势，特别是 2008 年之后，全球经济增长趋势较为平缓，这说明深受全球金融危机的重创，全球经济复苏较为缓慢。从 HP 滤波周期性成分来看，1961～2017 年出现两次较尖锐的波谷，分别是 1975 年、2009 年，其波动值分别为 −2.82%、−3.91%；出现两次较深的波峰，分别是 1973 年、2010 年，其波动值分别为 2.16%、2.00%。样本期间出现了三次经济危机，分别是 1973～1975 年的石油危机、1997 年东南亚金融危机、2008 年全球金融危机。从波峰波谷的深度来看，2008 年全球金融危机的影响后果最严重，持续时间最长，石油危机次之，东南亚金融危机对世界经济的冲击最弱。从整体来看，波谷的深度远大于波峰，说明样本期间全球经济周期波动呈现明显的"陡降缓升"特征。

4.2.3.2　G20 国家经济周期波动

G20 包含美国、日本、英国、德国、法国等主要发达国家，同时也涵盖了中国、俄罗斯、巴西、印度、南非等"金砖"国家，韩国、印度尼西亚、沙特阿拉伯、墨西哥等"新钻"国家亦包括在内。无论是从经济体制来看，还是从经济体量或经济发展水平来看，G20 国家可以看成是世界经济的缩影，具有一定的代表性。因此，本小节将聚焦于 G20 国家经济周期波动的特征，以更好地挖掘出发达国家与发展中国家在经济周期波动上的共性和特性，有利于进一步促进国际经济周期协同，保障财政政策和货币政策的有效实施以应对经济危机。

从整体来看，样本期间 G20 国家经济周期扩张期的波动幅度远小于收缩期，波谷的深度远大于波峰，这说明经济由繁荣转为衰退的收缩阶段较为急促，而经济由衰退转为繁荣的扩张阶段较为缓慢，且经济难以恢复到先前的繁荣水平。从波动图形来看，主要发达国家的波动图较为光滑，波动幅度较小，受 2008 年国际金融危机的影响，除了在 2008～2011 年出现明显的经济周期波动外，其他时段的波动基本保持在 −3%～2% 之间。主要发展中国家的波动图较为陡峭，波动频繁，波动幅度较大，其中最大的波谷为 −18.51%，最大的波峰为 12.43%，二者之间的差值接近 31%。由此可见，主要发达国家的经济周期波动明显小于发展中国家。从 G20 国家的波谷深度来看，2008 年国际金融危机对经济的损害程度，明显强于 1998 年东南亚金融危机。除了澳大利亚外，其他样本国家在 2008 年国际金融危机期间均出现深邃的波谷。然而，在 1998 年东南亚金融危机期间，经济周期出现尖锐波谷的国家只有俄罗斯、韩国、印度尼西亚，其他国家均平稳运行。从所属大洲来看，南美洲国家的经济周期波动最为剧烈，亚洲国家次之，欧洲国家最为平缓。

G20 国家经济周期波动之间的相关性程度，是考察国际经济周期协同的前提。相关性越高，意味着国与国之间经济周期波动的联动性越强，越有利于发挥国际组织的作用，有助于制定共同的国际货币政策应对经济危机。本小节将通过计算 GDP 增长率的简单相关系数以衡量 G20 国家的经济周期协同性，同时计算皮尔逊相关系数和斯皮尔曼相关系数，测算结果如表 4.3 所示。由于皮尔逊相关系数的计算方法，要求数据符合连续性、正态性、线性等特征，对数据的要求较高，而斯皮尔曼相关系数的算法是基于排序进行的，对数据的特征没有严格要求，但前者比后者的估计效度更高，后者比前者的适用范围更广。为了兼顾效度与准确程度，在分析估计结果之前，对所有数据进行正态性检验[1]，以便选择其中一种相关系数进行详细分析，另一种相关系数仅做参考。根据正态性检验结果显示，并非所有的变量均满足正态分布假设，故本小节将选择斯皮尔曼相关系数进行深入分析。

由表 4.3 可知，欧洲主要发达国家意大利、英国、法国、德国之间的经济周期相关程度较高，其中，法国与意大利之间的经济周期协同高达 0.80，位居首位。除了德国与英国之间的经济周期协同不显著外，欧洲其他国家之间的相关性均不低于 0.46，均值水平高达 0.47，说明欧洲国家，特别是欧盟成员国之间的经济周期协同程度较高。阿根廷、美国、加拿大、墨西哥和巴西等美洲国家之间的经济周期协同程度较高，均值水平高达 0.41，特别是美国与墨西哥之间的协同高达 0.57，位列第三，

---

① 由于篇幅限制，sktest 正态性检验结果没有呈现出来。

表4.3　G20国家之间经济周期波动的相关性分析

	阿根廷	日本	澳大利亚	中国	美国	英国	南非	墨西哥	韩国	意大利	印度尼西亚	德国	法国	加拿大	沙特阿拉伯	俄罗斯	土耳其	印度	巴西
阿根廷	1	0.26***	0.12	0.38***	0.43***	0.41***	0.23**	0.48***	-0.11	0.28***	0.01	0.15	0.41***	0.27***	0.38***	-0.05	0.43***	0.18*	0.20**
日本	0.41***	1	0.00	0.34***	0.35***	0.26***	0.50***	0.36***	0.38***	0.40***	0.36***	0.02	0.31***	0.24***	-0.23**	0.33***	0.42***	0.27***	0.41***
澳大利亚	0.07	0.08	1	0.08	0.27***	0.16	-0.02	0.17*	0.26***	-0.05	-0.04	0.10	0.14	0.09	0.09	0.24***	0.14	0.24**	0.01
中国	0.46***	0.52***	0.15	1	0.18*	0.34***	0.43***	0.33***	0.30***	0.54***	0.31***	0.52***	0.50***	0.37***	-0.08	0.48***	0.23***	0.26***	0.36***
美国	0.54***	0.64***	0.34***	0.45***	1	0.54***	0.38***	0.57***	0.26***	0.33***	0.03	-0.03	0.55***	0.56***	0.14	0.23***	0.33***	0.42***	0.19**
英国	0.47***	0.64***	0.29***	0.62***	0.74***	1	0.33***	0.42***	0.28***	0.49***	-0.02	0.15	0.48***	0.49***	-0.06	0.22***	0.29***	0.38***	0.20**
南非	0.34***	0.63***	0.08	0.65***	0.57***	0.58***	1	0.46***	0.42***	0.47***	0.49***	0.30***	0.52***	0.57***	-0.18*	0.52***	0.35***	0.33***	0.55***
墨西哥	0.52***	0.49***	0.26***	0.42***	0.67***	0.54***	0.57***	1	0.16	0.44***	0.17*	0.17*	0.45***	0.45***	0.23**	0.11	0.51***	0.16	0.27***
韩国	-0.15	0.46***	0.11	0.37***	0.30***	0.33***	0.50***	0.11	1	0.42***	0.36***	0.03	0.35***	0.43***	-0.38***	0.47***	0.18*	0.51***	0.39***
意大利	0.44***	0.65***	0.02	0.64***	0.60***	0.69***	0.61***	0.47***	0.38***	1	0.15	0.46***	0.80***	0.55***	-0.07	0.31***	0.37***	0.55***	0.45***
印度尼西亚	-0.08	0.32***	-0.20*	0.31***	0.02	0.04	0.47***	0.13	0.71***	0.18*	1	0.13	0.04	0.22***	-0.21***	0.37***	0.18*	0.07	0.19*
德国	0.36***	0.12	0.16	0.57***	0.16	0.30***	0.49***	0.15	-0.02	0.43***	0.02	1	0.46***	0.24***	0.04	0.44***	0.05	0.24***	0.19**
法国	0.53***	0.59***	0.22***	0.62***	0.73***	0.72***	0.64***	0.51***	0.28***	0.87***	-0.03	0.50***	1	0.72***	0.00	0.48***	0.40***	0.55***	0.49***
加拿大	0.43***	0.50***	0.18*	0.56***	0.71***	0.64***	0.69***	0.52***	0.38***	0.68***	0.12	0.42***	0.79***	1	-0.01	0.46***	0.38***	0.30***	0.53***
沙特阿拉伯	0.38***	-0.23**	0.11	-0.09	0.07	-0.13	-0.09	0.16	-0.35***	-0.10	-0.16	0.18*	0.02	0.03	1	-0.27***	0.02	-0.06	-0.21**
俄罗斯	0.20*	0.61***	0.23***	0.65***	0.50***	0.64***	0.69***	0.32***	0.47***	0.53***	0.18*	0.48***	0.62***	0.59***	-0.17*	1	0.13	0.32***	0.35***
土耳其	0.37***	0.54***	0.20*	0.28***	0.59***	0.51***	0.44***	0.62***	0.04	0.51***	-0.01	0.13	0.53***	0.49***	-0.01	0.30***	1	0.28***	0.42***
印度	0.28***	0.48***	0.25***	0.46***	0.59***	0.57***	0.44***	0.32***	0.40***	0.66***	-0.01	0.22***	0.66***	0.48***	-0.05	0.51***	0.41***	1	0.16
巴西	0.26***	0.59***	0.03	0.46***	0.46***	0.45***	0.61***	0.35***	0.36***	0.59***	0.26***	0.17	0.62***	0.64***	-0.17*	0.52***	0.50***	0.35***	1

注：下三角为皮尔逊相关系数，上三角为斯皮尔曼相关系数，*、**和***分别表示在10%、5%和1%的显著性水平下显著。

有利于推动美洲国家协同发展。美国、英国和日本作为世界主要发达国家的典型代表，三者之间经济周期协同的相关性整体水平低于欧盟国家，其中，美英之间的协同遥遥领先于美日和英日之间。从 G20 国家中所有发展中国家之间的协同水平来看，金砖国家之间的整体水平相对较高，特别是南非与巴西、俄罗斯之间的协同性超过 0.5，与美英之间的协同程度不相上下。金砖国家之间紧密的经济往来，有利于促进国与国之间的经济周期协同，有助于推动发展中国家之间国际经济政策协调。值得注意的是，沙特阿拉伯作为主要的石油出口国，与其他国家之间的经济周期波动主要呈负相关，即与他国逆向而行。澳大利亚与日本、中国、英国、南非、印度尼西亚等 13 个国家的相关性不显著，与美国的协同程度最高，约为 0.27。

将图 4.5 与表 4.3 结合来看，2008 年国际金融危机是个明显的分水岭，发达国家与发展中国家无论是在经济周期波动方面，还是在经济周期协同方面，均存在显著差异。前者经济周期波动幅度日趋平缓，经济周期协同水平逐渐增加，后者与之相反。此外，地理空间上的毗邻以及经济共同体的构建明显有助于国与国之间的经济周期协同，大国经济发展模式有利于消除国际贸易壁垒，降低交易成本，实现互利共赢。

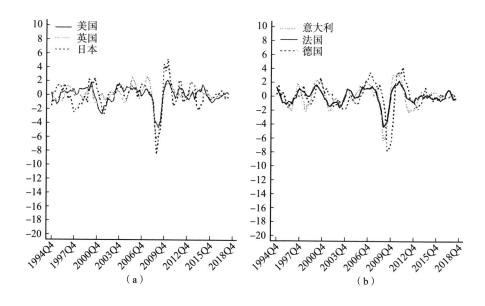

（a）　　　　　　　　　　（b）

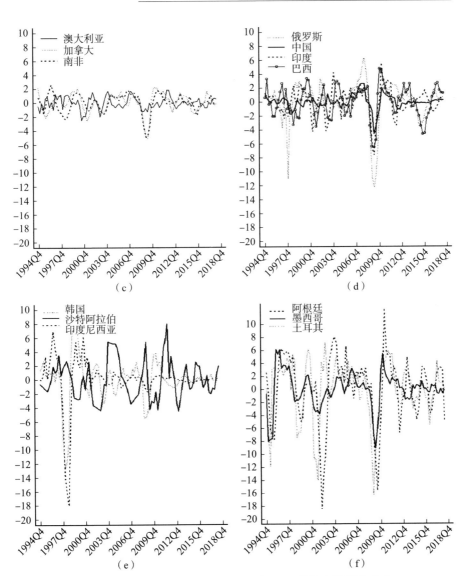

图 4.5　G20 国家 HP 滤波法分离的 GDP 增长率周期性成分

4.3　经济政策不确定性与经济
周期波动的相关性分析

经济政策不确定性与经济周期波动之间的因果关系尚未统一，前者是后者的格兰杰原因，还是后者是前者的格兰杰原因，抑或是两者互为格兰杰原因，这关系到后续实证研究的模型构建，是实证研究的现实依据。为了更好地剖析二者之间的相关性，本小节将首先计算其相关性系数；其次，进行单位根检验；再次，进行协整检验；最后，进行格兰杰因果检验。

4.3.1　相关程度分析

为了多角度分析经济政策不确定性与经济周期波动之间的相关性，将利用 1997～2017 年全球年度时间序列数据、2003～2018 年多国季度面板数据、2003～2018 年国家级季度时间序列数据进行分析。由于 G20 国家中阿根廷、南非、印度尼西亚、沙特、土耳其五个国家缺乏经济政策不确定性指数数据，将其剔除，围绕其余 14 个 G20 国家再做深入剖析，相关系数计算结果如表 4.4 所示，散点图如图 4.6 所示。

表 4.4　　　　经济政策不确定性[①]与经济周期波动相关系数

X 变量 经济政策不确定性	Y 变量 经济周期波动	X 与 Y 的相关系数值		
		X 一阶滞后项	X 水平项	X 一阶前置项
全球（lnepu）	全球（vol）	-0.186	-0.245	-0.017
14 国[②]（lnepu14）	14 国（vol14）	-0.165	-0.159	-0.099
美国（lnepuus）	美国（volus）	-0.265	-0.3151	-0.297
日本（lnepujap）	日本（voljap）	-0.147	-0.224	-0.206
英国（lnepuuk）	英国（voluk）	-0.151	-0.137	-0.107
德国（lnepuger）	德国（volger）	-0.038	0.04	0.119
法国（lnepufra）	法国（volfra）	-0.355	-0.228	-0.104

续表

X 变量 经济政策不确定性	Y 变量 经济周期波动	X 与 Y 的相关系数值		
		X 一阶滞后项	X 水平项	X 一阶前置项
意大利（lnepuita）	意大利（volita）	− 0.123	− 0.211	− 0.206
加拿大（lnepucan）	加拿大（volcan）	− 0.223	− 0.159	− 0.031
澳大利亚（lnepuaus）	澳大利亚（volaus）	− 0.202	− 0.240	− 0.127
韩国（lnepuus）	韩国（volus）	− 0.274	− 0.325	− 0.188
中国（lnepuchn）	中国（volchn）	− 0.355	− 0.228	− 0.104
印度（lnepuind）	印度（volind）	− 0.440	− 0.414	− 0.247
俄罗斯（lnepurus）	俄罗斯（volrus）	0.035	0.073	0.063
巴西（lnepubra）	巴西（volbra）	− 0.203	− 0.290	− 0.305
墨西哥（lnepumex）	墨西哥（volmex）	− 0.150	− 0.120	− 0.013

注：①经济政策不确定性采用的是经济政策不确定性指数自然对数值。
②14 国代表的是相应变量的面板数据，下同。

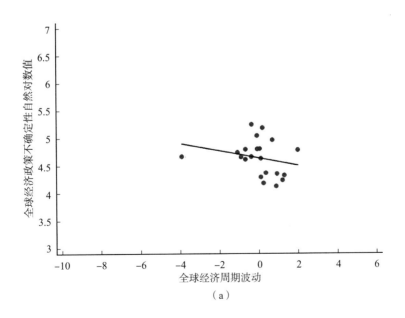

（a）

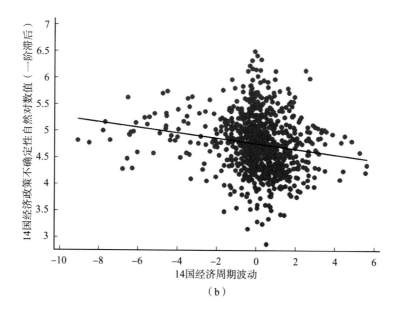

（b）

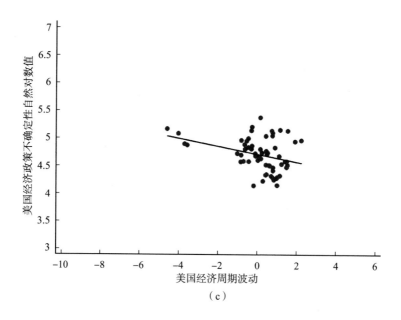

（c）

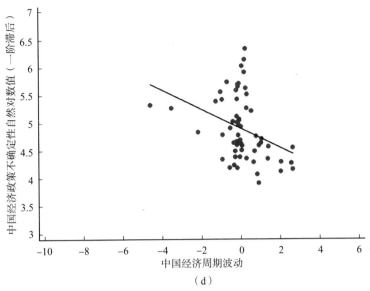

（d）

图 4.6　经济政策不确定性与经济周期波动散点图①

结合表 4.4 与图 4.6 来看，除了俄罗斯与德国之外，经济政策不确定性与经济周期波动之间的相关系数值为负，即当经济周期处于收缩阶段时（经济周期波动值小于 0），经济政策不确定性水平越高，经济周期负向波动越剧烈，经济周期收缩程度越深；当经济周期处于扩张阶段时（经济周期波动值大于 0），经济政策不确定性水平越低，经济周期波动正向波动越剧烈，经济周期扩张速度越快。由此可见，经济周期波动处于不同阶段，经济政策不确定性对经济周期波动的影响存在差异性。从相关系数绝对值的最大值来看，绝大部分都是经济政策不确定性的一阶滞后项和水平项与经济周期波动的相关性最强。由此可见，经济政策不确定性的具体表现形式，即不同类型的经济政策不确定性对经济周期波动的影响时效存在差异性。整体而言，经济政策不确定性与经济周期波动既存在正相关，也存在负相关，相关系数的大小因经济政策不确定性的表现形式不同而存在显著差异。显然，经济政策不确定性与经济周期

---

① 绘制散点图时，选择表 4.4 中相关系数值最大时对应的经济政策不确定性形式。

波动二者之间的相关性错综复杂，值得进一步深入剖析挖掘。

4.3.2　单位根检验

　　一个序列是否平稳是进行下一步计量统计分析的前提，因此，很有必要对上述相关序列进行单位根检验。检验回归方程中包含截距项和一阶滞后项，时间序列数据同时采用 ADF 检验和 PP 检验，检验结果如表 4.5 所示，面板数据同时采用 LLC 检验和 Fisher – ADF 检验，检验结果如表 4.6 所示。只有两种检验方法同时拒绝存在单位根的原假设时，该序列才被认为是平稳序列。由表 4.5 和表 4.6 可知，全球经济政策不确定性一阶差分序列平稳，全球经济周期波动原序列平稳，14 国面板数据原序列平稳。日本、澳大利亚、韩国、俄罗斯、巴西和墨西哥的原序列平稳，英国和加拿大的一阶差分序列平稳，美国、法国、中国和印度的经济政策不确定性一阶差分序列平稳，经济周期波动原序列平稳，德国和意大利的经济政策不确定性原序列平稳，经济周期波动一阶差分序列平稳。由此可见，不同国家之间的数据存在明显的个体差异。

表 4.5　　　　　　　　　　　时间序列数据单位根检验

序列名称	经济政策不确定性		经济周期波动	
	ADF 检验	PP 检验	ADF 检验	PP 检验
全球	– 1.464 （ – 4.300 *** ）	– 1.511 （ – 4.308 *** ）	– 4.883 *** （ – 6.191 *** ）	– 5.113 *** （ – 7.636 *** ）
美国	– 2.196 （ – 8.843 *** ）	– 2.133 （ – 9.059 *** ）	– 2.584 * （ – 5.700 *** ）	– 3.193 ** （ – 5.727 *** ）
日本	– 3.046 ** （ – 10.837 *** ）	– 2.984 ** （ – 10.973 *** ）	– 3.079 ** （ – 5.920 *** ）	– 3.560 ** （ – 5.902 *** ）
英国	– 1.525 （ – 7.657 *** ）	– 1.512 （ – 7.759 *** ）	– 2.175 （ – 3.447 *** ）	– 3.108 ** （ – 3.879 *** ）
德国	– 3.308 ** （ – 9.298 *** ）	– 3.195 ** （ – 10.463 *** ）	– 2.250 （ – 4.910 *** ）	– 2.981 ** （ – 5.019 *** ）

续表

序列名称	经济政策不确定性		经济周期波动	
	ADF 检验	PP 检验	ADF 检验	PP 检验
法国	− 2. 055 (− 9. 838 ***)	− 1. 937 (− 9. 829)	− 2. 929 ** (− 6. 631 ***)	− 3. 319 ** (− 6. 608 ***)
意大利	− 3. 015 ** (− 8. 673 ***)	− 2. 973 ** (− 8. 980 ***)	− 2. 198 (− 4. 059 ***)	− 3. 013 ** (− 4. 214 ***)
加拿大	− 1. 779 (− 8. 712 ***)	− 1. 543 (− 9. 275 ***)	− 2. 527 (− 4. 738 ***)	− 3. 140 ** (− 4. 758 ***)
澳大利亚	− 2. 817 * (− 7. 225 ***)	− 2. 896 ** (− 7. 291 ***)	− 3. 870 *** (− 6. 944 ***)	− 4. 261 *** (− 6. 930 ***)
韩国	− 3. 753 *** (− 7. 871 ***)	− 3. 858 *** (− 8. 100 ***)	− 3. 222 ** (− 5. 750 ***)	− 3. 664 *** (− 5. 766 ***)
中国	− 2. 055 (− 9. 838 ***)	− 1. 937 (− 9. 829 ***)	− 2. 929 ** (− 6. 631 ***)	− 3. 319 ** (− 6. 608 ***)
印度	− 2. 356 (− 9. 131 ***)	− 2. 182 (− 9. 444 ***)	− 3. 939 *** (− 8. 024 ***)	− 4. 168 *** (− 8. 055 ***)
俄罗斯	− 3. 590 *** (− 11. 114 ***)	− 3. 357 ** (− 13. 837 ***)	− 3. 870 *** (− 6. 944 ***)	− 4. 261 *** (− 6. 930 ***)
巴西	− 3. 365 ** (− 12. 103 ***)	− 3. 199 ** (− 12. 576 ***)	− 2. 947 ** (− 5. 717 ***)	− 3. 432 *** (− 5. 701 ***)
墨西哥	− 4. 575 *** (− 10. 049 ***)	− 4. 560 *** (− 11. 477 ***)	− 2. 759 * (− 5. 008 ***)	− 3. 285 ** (− 4. 985 ***)

注：***、**、*分别表示在1%、5%、10%显著性水平上拒绝存在单位根，括号内为一阶差分序列的单位根检验统计值。

表 4. 6　　　　　　　　　　**面板数据单位根检验**

序列名称	原始序列		一阶差分序列	
	LLC 检验	Fisher - ADF 检验	LLC 检验	Fisher - ADF 检验
lnepu14	− 2. 551 ***	57. 348 ***	− 21. 159 ***	620. 511 ***
vol14	− 12. 682 ***	235. 916 ***	− 12. 772 ***	276. 266 ***

注：LLC 检验报告的是调整后的 t 值，Fisher - ADF 检验报告的是 Chi2 值，*** 表示在1%显著性水平上拒绝存在单位根。

4.3.3 协整检验

根据上述单位根检验结果，将同阶单整序列进行协整检验。时间序列数据采用 Johansen 协整检验，面板数据采用 Westerlund（2006）提出的面板协整检验方法，检验结果①分别如表 4.7、表 4.8 所示。由结果显示，除了英国和加拿大原始时间序列之间不存在协整关系之外，其他国家的时间序列数据以及 14 国面板数据均存在协整关系。

表 4.7　　　　　　　　　　时间序列数据协整检验

国家名称	原假设	经济周期波动与经济政策不确定性的协整检验			
		最大特征值	迹统计值	最大特征值 10% 临界值	迹统计量 10% 临界值
日本	最多有 0 个协整关系	12.986	18.928	13.75	17.85
	最多有 1 个协整关系	5.942	5.942	7.52	7.52
澳大利亚	最多有 0 个协整关系	15.406	21.427	13.75	17.85
	最多有 1 个协整关系	6.021	6.021	7.52	7.52
韩国	最多有 0 个协整关系	18.290	24.067	13.75	17.85
	最多有 1 个协整关系	5.778	5.778	7.52	7.52
俄罗斯	最多有 0 个协整关系	14.118	25.935	13.75	17.85
	最多有 1 个协整关系	11.817	11.817	7.52	7.52
巴西	最多有 0 个协整关系	15.188	21.301	13.75	17.85
	最多有 1 个协整关系	6.113	6.113	7.52	7.52
墨西哥	最多有 0 个协整关系	20.028	26.623	13.75	17.85
	最多有 1 个协整关系	6.575	6.575	7.52	7.52
英国	最多有 0 个协整关系	4.916	7.209	13.75	17.85
	最多有 1 个协整关系	2.293	2.293	7.52	7.52

———————

①　在进行协整检验之前，进行了最优滞后阶数选择。

续表

国家名称	原假设	经济周期波动与经济政策不确定性的协整检验			
		最大特征值	迹统计值	最大特征值10%临界值	迹统计量10%临界值
加拿大	最多有 0 个协整关系	6.336	9.414	13.75	17.85
	最多有 1 个协整关系	3.077	3.077	7.52	7.52

注：估计方程包含截距项和滞后项。

表 4.8　　14 国经济政策不确定性与经济周期波动面板数据协整检验

变量	统计量	统计值	Z 值	P 值
lnepu 与 vol14	Gt	－4.311	－10.550	0.000
	Ga	－28.344	－14.573	0.000
	Pt	－16.485	－11.132	0.000
	Pa	－28.905	－20.796	0.000

注：Gt 和 Ga 两个统计量的原假设为整体上变量之间不存在协整，Pt 和 Pa 两个统计量的原假设为至少存在某个变量与被解释变量不存在协整；估计方程包含截距项和滞后项。

4.3.4　格兰杰因果检验

根据协整检验结果，对存在协整关系的序列进行格兰杰因果检验，以更深入了解经济政策不确定性与经济周期波动二者之间到底谁是"因"，谁是"果"，时间序列数据检验结果如表 4.9 所示，面板数据检验结果如表 4.10 所示。由表 4.9 可知，日本和墨西哥存在从经济政策不确定性到经济周期波动的单向格兰杰原因，澳大利亚存在从经济周期波动到经济政策不确定性的单向格兰杰原因，其余国家不存在格兰杰因果关系。由此可见，国家之间存在明显的异质性，这可能是各国在经济政治体制、经济发展水平、资源禀赋、产业结构等方面存在显著的差异性而造成的。由 4.10 可知，将 14 国当作一个整体来看，从滞后三阶开始，经济政策不确定性是经济周期波动的格兰杰原因，而经济周期波动从滞后 1 阶到滞后 4 阶均是经济政策不确定性的格兰杰原因。这说明经济政策不确定性与经济周期波动之间的因果关系较为复杂，显然存在内生性问题，同时产生了明显的滞后效应。根据最优滞后阶数来看，由于采用的是季度数据，滞后的最大时长约为 1 年。

表 4.9　　　　　　　　时间序列数据格兰杰因果检验

国家名称	最优滞后阶数	原假设	Chi2 统计值	P 值
日本	滞后 4 阶	lnepujap 不是 voljap 的格兰杰原因	3.016	0.082
		voljap 不是 lnepujap 的格兰杰原因	0.016	0.901
澳大利亚	滞后 1 阶	lnepuaus 不是 volaus 的格兰杰原因	0.800	0.371
		volaus 不是 lnepuaus 的格兰杰原因	3.433	0.064
韩国	滞后 3 阶	lnepukor 不是 volkor 的格兰杰原因	0.001	0.983
		volkor 不是 lnepukor 的格兰杰原因	0.293	0.587
俄罗斯	滞后 4 阶	lnepurus 不是 volrus 的格兰杰原因	0.144	0.704
		volrus 不是 lnepurus 的格兰杰原因	0.014	0.906
巴西	滞后 2 阶	lnepubra 不是 volbra 的格兰杰原因	0.002	0.967
		volbra 不是 lnepubra 的格兰杰原因	1.000	0.317
墨西哥	滞后 2 阶	lnepumex 不是 volmex 的格兰杰原因	3.500	0.061
		volmex 不是 lnepumex 的格兰杰原因	0.003	0.959

表 4.10　　　　　　　　面板数据格兰杰因果检验

序列名称	滞后阶数	原假设	Chi2 统计值	P 值
14 国面板数据	滞后 1 阶	lnepu14 不是 vol14 的格兰杰原因	0.107	0.734
		vol14 不是 lnepu14 的格兰杰原因	9.721	0.002
	滞后 2 阶	lnepu14 不是 vol14 的格兰杰原因	0.387	0.824
		vol14 不是 lnepu14 的格兰杰原因	8.442	0.015
	滞后 3 阶	lnepu14 不是 vol14 的格兰杰原因	6.704	0.082
		vol14 不是 lnepu14 的格兰杰原因	6.267	0.099
	滞后 4 阶	lnepu14 不是 vol14 的格兰杰原因	12.369	0.015
		vol14 不是 lnepu14 的格兰杰原因	8.169	0.085

4.4 本章小结

本章对经济政策不确定性和经济周期波动的测度方法进行了详细介绍，选择其中最合适的方法进行了测度，从全球、G20 国家等多个角度对测度结果进行了深入细致的剖析，论述了两者各自的现状与特征。此外，本章利用 1997～2017 年全球年度时间序列数据、2003～2018 年 14 国季度面板数据、2003～2018 年国家级季度时间序列数据，初步探讨了经济政策不确定性与经济周期波动之间的相关性及其格兰杰因果关系问题。得到的主要结论如下。

第一，从经济政策不确定性指数来看，近 3 年全球经济政策不确定性指数大起大落，波动频率和波动幅度远超历史水平，全球面临着日益严峻的不确定性难题。美国、日本和英国等主要发达国家的经济政策不确定性呈现明显趋同，联动效应显著。金砖国家的经济政策不确定性水平远高于美国、日本和英国等发达国家，发展中国家对风险和不确定性的抵抗能力整体上不如发达国家。

第二，从 HP 滤波分解的周期性成分来看，全球经济周期的波谷深度远大于波峰，全球经济周期波动呈现明显的"陡降缓升"特征，经济周期扩张期的波动幅度远小于收缩期，经济由繁荣转为衰退的收缩阶段较为急促，而经济由衰退转为繁荣的扩张阶段较为缓慢。无论是从经济周期波动来看，还是从经济周期协同来看，发达国家的经济周期波动幅度日趋平缓，经济周期协同水平逐渐增加，而发展中国家与之相反。

第三，从相关性系数来看，经济政策不确定性与经济周期波动之间存在显著的相关性，经济政策不确定性水平越高，经济周期负向波动越剧烈，经济周期收缩程度越深；当经济周期处于扩张阶段时，经济政策不确定性水平越低，经济周期扩张速度越快。经济周期波动处于不同阶段，经济政策不确定性对经济周期波动的影响存在差异性。从相关系数绝对值的大小来看，绝大部分都是经济政策不确定性的一阶滞后项和水平项与经济周期波动的相关性最强。

第四，从协整检验和格兰杰因果关系检验来看，经济政策不确定性与经济周期波动之间存在长期均衡关系，既存在从经济政策不确定性到经济周期波动的格兰杰原因，又存在从经济周期波动到经济政策不确定性的格兰杰原因，国与国之间存在明显的异质性。二者之间的因果关系较为复杂，存在内生性问题，同时产生了明显的滞后效应。

第5章 经济政策不确定性影响经济周期波动的国内传导实证分析

根据上一章的现状与统计描述分析可知,经济政策不确定性与经济周期波动二者之间存在显著的相关性。然而,到底是经济政策不确定性驱动经济周期波动,还是经济政策不确定性是经济周期波动的内生响应,抑或是二者之间存在双向因果关系,单一从格兰杰因果检验来看,因数据样本而异,这三种情况都有可能存在。目前,学术界关于二者之间的因果关系并没有达成共识,主要存在三大观点:一是认为经济政策不确定性是导致经济增长缓慢的主要原因,不确定性导致经济衰退;二是经济政策不确定性是经济缓慢增长的响应,不确定性都是内生的;三是由于风险溢价的存在,经济政策不确定性促进了经济繁荣,不确定性增加了预期利润。由此可见,经济政策不确定性与经济周期波动之间的因果关系错综复杂,接下来将借鉴路德维格森等(Ludvigson et al.,2018)的方法,实证分析一国国内经济政策不确定性对经济周期波动的动态影响,并比较在不同发达水平、不同经济周期阶段、不同类型的经济政策不确定性等条件下,这种影响效果是否存在差异。

5.1 基于 PVAR 模型的国内传导实证分析

经济政策不确定性与经济周期波动之间的因果关系识别是不确定性研

究领域将长期存在的挑战，部分原因在于没有单一的不确定性模型（Ludvigson et al.，2018）。从第 4 章经济政策不确定性与经济周期波动的相关性统计结果来看，二者之间存在一定的相关性，且因处于不同的经济周期阶段而存在明显的异质性。然而，从统计关系中得到的结果，只是单纯通过变量之间的变化趋势而预测的。为了得到更符合事物本质的结果，还将利用合适的计量模型进行实证分析。

由于经济政策不确定性与经济周期波动之间存在错综复杂的关系，为了对二者之间的互动关系进行初步探讨，同时也为了解决样本量不足等问题，接下来将采用面板 VAR（PVAR）模型进行初步分析。

5.1.1 面板单位根检验

为了避免"伪回归"现象，在建立模型之前对所有的面板数据进行平稳性检验。面板单位根检验主要有 LLC 检验、IPS 检验、Fisher – ADF 检验、Choi 检验、Hadri 检验等，其中，LLC 检验要求每个个体的回归系数均相同，假设过强；IPS 检验和 Fisher – ADF 对此进行改进，放松了假设。由此可知，LLC 检验是针对同质个体的"同根"单位根检验，IPS 检验和 Fisher – ADF 检验允许个体之间存在异质性的"不同根"单位根检验。根据面板单位根检验的常规做法，同时采用 LLC 检验和 Fisher – ADF 检验两种方法，如果两种检验拒绝存在单位根的原假设，则该序列为平稳序列，反之则不平稳。14 国面板数据可以根据具体特征进行分类，按照发达水平来看①，可以分为发达国家的经济政策不确定性和经济周期波动、发展中国家的经济政策不确定性和经济周期波动，分别由 lnepudep、voldep、lnepuundep、volundep 来表示；按照经济周期波动的方向来看②，可以分为扩张期的经济政策不确定性和经济周期波动、收缩期的

---

① 本书将年度人均 GDP 不低于 2 万美元的国家划分为发达国家，否则为发展中国家。

② 若该时期的经济周期波动值为正，则为扩张期，否则为收缩期。

经济政策不确定性和经济周期波动，分别由 lnepuup、volup、lnepu-down、voldown 来表示。由表 5.1 可知，所有序列均通过了平稳性检验。

表 5.1　　　　　　　　　　面板数据平稳性检验

序列名称	生成过程（c，t，p）	LLC 检验	Fisher – ADF 检验	结论
lnepu14	(1, 0, 1)	− 2.551 ***	57.348 ***	平稳
vol14	(1, 0, 1)	− 12.682 ***	235.916 ***	平稳
lnepudep	(1, 0, 1)	− 1.413 *	42.133 **	平稳
voldep	(1, 0, 1)	− 10.058 ***	470.480 ***	平稳
lnepuundep	(1, 0, 1)	− 2.423 ***	30.771 ***	平稳
volundep	(1, 0, 1)	− 7.935 ***	96.01 ***	平稳
lnepuup	(1, 0, 1)	—	42.133 **	平稳
volup	(1, 0, 1)	—	470.480 ***	平稳
lnepudown	(1, 1, 0)	—	61.188 ***	平稳
voldown	(1, 0, 1)	—	220.307 ***	平稳

注：生成过程（c，t，p）中的 c 代表截距项，t 代表时间趋势项，p 代表滞后项，"1"代表包含该项，"0"代表不包含该项，***、**、* 分别表示在 1%、5%、10% 显著性水平上拒绝存在单位根。由于 LLC 检验要求序列为平衡面板数据，故 lnepuup、volup、epudown、voldown 无法进行 LLC 检验。

5.1.2　最优滞后阶数选择

在建立模型之前，要根据信息准则对最优滞后阶数进行选择，J 统计量、MBIC、MAIC、MQIC 等的值越小越好。由于采用的是季度面板数据，结合第 4 章的统计结果，将最大滞后阶数限定为 4 阶，选用内生变量的 1 至 5 阶滞后变量为工具变量，检验结果如表 5.2 所示。由表 5.2

可知，最优滞后阶数为 4 阶，时间跨度为 1 年。

表 5. 2   最优滞后阶数选择

lag	CD	J	J pvalue	MBIC	MAIC	MQIC
1	0. 884 *	86. 999	8. 90E – 12 *	– 19. 632	54. 999	26. 302
2	0. 906	55. 854	1. 27E – 07	– 24. 119 *	31. 854	10. 332
3	0. 913	40. 520	2. 56E – 06	– 12. 95	24. 520	10. 171
4	0. 921	18. 544 *	0. 001	– 8. 113	10. 544 *	3. 370 *

注：* 表示该值为相应统计量的最小值。

5.1.3   PVAR 模型构建及检验

根据最优滞后阶数选择结果，构建一个 4 阶滞后 PVAR 模型来初步探讨一国国内经济政策不确定性与经济周期波动之间的关系。模型的基本形式如下所示：

$$Y_{it} = \alpha_0 + \sum_{j=1}^{p} \alpha_j Y_{it-j} + \mu_i + \varepsilon_{it} \qquad (5.1)$$

式（5.1）中，Y_{it} 为随时间和地区变化的内生变量，α_0 为常数项，α_j 为滞后内生变量的估计系数，μ_i 为个体固定效应，ε_{it} 为随机干扰项，p 为内生变量的最大滞后阶数。

对 4 阶滞后 PVAR 模型进行 GMM 估计后，进行模型平稳性检验，结果显示，所有的 AR 根均落在单位圆内，模型是平稳的。

5.1.4   脉冲响应分析

按照经济政策不确定性、经济周期波动的顺序进行 Cholesky 分解，得到的脉冲响应函数如图 5.1 所示。

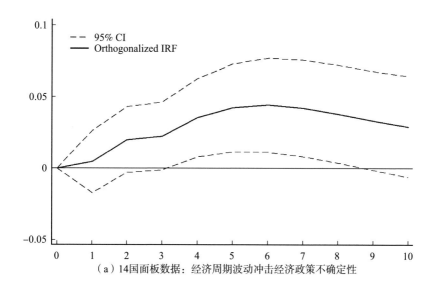

（a）14国面板数据：经济周期波动冲击经济政策不确定性

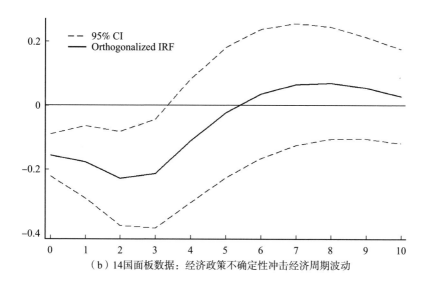

（b）14国面板数据：经济政策不确定性冲击经济周期波动

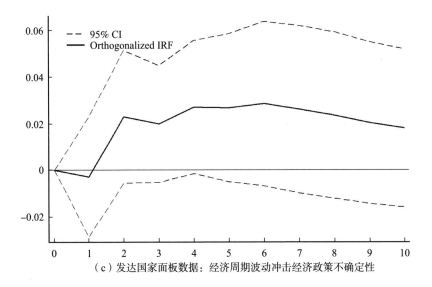

（c）发达国家面板数据：经济周期波动冲击经济政策不确定性

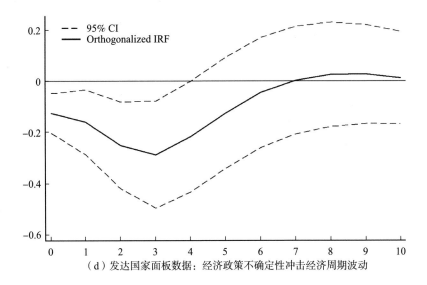

（d）发达国家面板数据：经济政策不确定性冲击经济周期波动

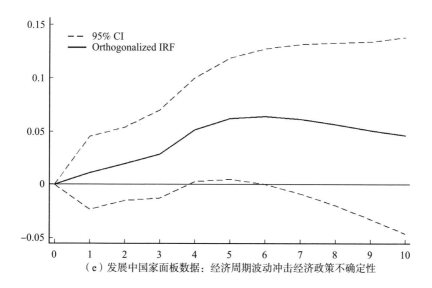

（e）发展中国家面板数据：经济周期波动冲击经济政策不确定性

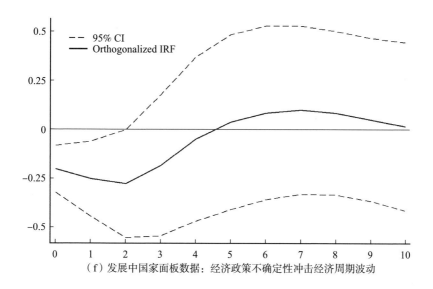

（f）发展中国家面板数据：经济政策不确定性冲击经济周期波动

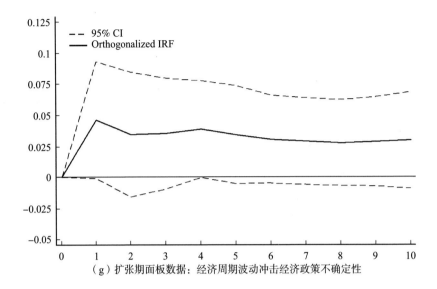

（g）扩张期面板数据：经济周期波动冲击经济政策不确定性

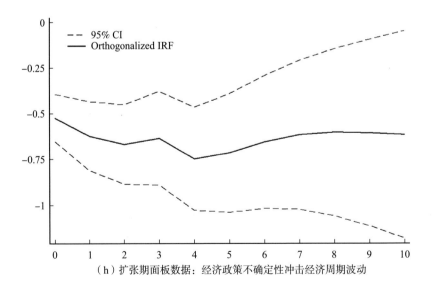

（h）扩张期面板数据：经济政策不确定性冲击经济周期波动

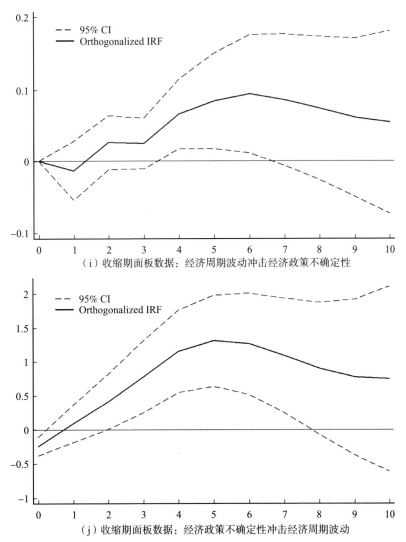

（i）收缩期面板数据：经济周期波动冲击经济政策不确定性

（j）收缩期面板数据：经济政策不确定性冲击经济周期波动

图 5.1　分类别的经济政策不确定性与经济周期波动脉冲响应结果

从 14 国面板数据冲击结果来看，给予经济周期波动一个正向冲击，从第 1 期开始对经济政策不确定性产生正的影响，并在第 6 期达到最大，随后逐渐减弱至零值水平；给予经济政策不确定性一个正向冲击，对经济周期波动存在负向冲击，并且在第 2 期达到负向最大，第 5 期转负为正，在第 8 期达到正向最大，随后逐渐收敛为零值水平。这说明经济周期波动增加将致使经济政策不确定性水平随之提升；反过来，经济政策不确定性增加将导致经济周期负向波动增加。无论是从经济发达水平来看，还是从所处经济周期阶段来看，经济周期波动增加，均对经济政策不确定性带来了持续的正向影响，只是冲击影响的峰值所处时期存在一定差异性。无论是发达国家，还是发展中国家，给定经济政策不确定性的一个正向冲击，对经济周期波动存在第 4～7 期负向影响，随后逐渐收敛于零。然而，从经济周期所处阶段来看，正向的经济政策不确定性冲击对经济周期波动的影响截然不同。扩张期，经济政策不确定性增加并不会增加经济周期波动，收缩期，经济政策不确定性增加明显加剧了经济周期波动，且这种影响持续时间较长，影响程度也显著高于收缩期。

通过 VAR 模型脉冲响应分析可以发现，经济政策不确定性与经济周期波动之间存在较为复杂的关系。不同发展水平的国家，其经济周期波动对于经济政策不确定性短期影响的响应时间与响应幅度均存在一定差异。值得注意的是，收缩期，经济政策不确定性对经济周期波动的影响幅度最大，持续时间较长。然而，经济政策不确定性在一国国内是如何影响经济周期波动的？影响程度如何？这些问题均值得进行深入探讨。

5.2　基于面板固定效应模型的
国内传导实证分析

经济政策不确定性影响一国国内经济周期波动的程度有多深？该影响会因经济发达水平和经济周期所处阶段不同而产生明显差异吗？不同类型的经济政策不确定性对经济周期波动会产生异质性影响吗？这些问题对于深入认识经济政策不确定性的宏观经济影响后果至关重要，是寻找应对不确定性的对策措施的重要经验支撑。

5.2.1　计量模型设定

当经济活动低迷时，信息流动缓慢，不确定性持续增加，高度不确定性和低迷的经济活动产生交互影响，经济体容易陷入不确定性陷阱，此时，较大的短期冲击可能导致衰退（Fajgelbaum et al.，2017）。自全球金融危机以来，经济政策不确定性水平屡创新高，全球面临着不确定性难题，经济政策不确定性在一国国内能多大程度上影响经济周期波动，这种影响效应是否存在异质性，值得我们深入探讨。借鉴路德维格森等（2018）的做法，参考居伦和扬（2016）、顾夏铭等（2018）的模型，将基准计量模型设定如下：

$$vol14_{it} = \beta_0 + \sum_{p=0}^{p=4} \gamma_p lnepu14_{i,t-p} + \sum \theta_i x_{it} + \nu_i + \tau_{it} \qquad (5.2)$$

根据前文分析，经济政策不确定性对经济周期波动的影响存在一定滞后，由于采用的是季度面板数据，结合前文分析结果，因此，核心解释变量 $lnepu14_{i,t-p}$ 包含了当期经济政策不确定性及其 1~4 阶滞后变量[①]。式（5.2）中，i 表示国家个体，t 表示季度，p 表示滞后阶数，因变量 $vol14_{i,t}$ 表示国家 i 在 t 季度的经济周期波动，x_{it} 代表一系列控制变量，包含消费同比增长率、投资同比增长率、净出口同比增长率、CPI 同比增长率、失业率变动、发达水平、经济周期阶段等。β_0 为截距项，γ_p 和 θ_i 为估计系数，ν_i 为个体固定效应，τ_{it} 为随机干扰项。

5.2.2　变量选取与数据说明

（1）经济政策不确定性

经济政策不确定性反映了经济政策制定的不透明程度，经济政策执

---

① 模型中加入解释变量的滞后项可能存在多重共线性问题，故进一步做了方差膨胀因子检验。所有变量的 vif 值远小于 10，vif 均值为 3.05，通过了多重共线性检验。

行的不一致程度，以及对未来政策预测的难易程度。本书采用 EPU 指数来衡量经济政策不确定性程度，由于该指数为月度数据，通过计算相应季度内的月度平均值得到季度数据。EPU 值数值比较大，为了避免产生异方差，均取其自然对数形式，原始数据来源于经济政策不确定性指数网站。

（2）经济周期波动

对季度 GDP 增长率进行 HP 滤波，去除趋势成分，提取周期性成分作为经济周期波动的代理变量。中国 GDP 增长率季度数据来源于国泰安数据库，阿根廷 GDP 增长率季度数据来源于阿根廷地理暨普查局数据，沙特阿拉伯 GDP 增长率数据来源于沙特阿拉伯中央统计局数据，其他 G20 国家 GDP 增长率季度数据来源于 FRED 数据库。

（3）控制变量

控制变量包含消费同比增长率、投资同比增长率、净出口同比增长率、CPI 同比增长率、失业率变动、发达水平、经济周期阶段等。其中，消费同比增长率由消费支出总额同比增长率来衡量，中国消费同比增长率根据个人消费支出计算整理而得。发达水平以虚拟二值变量来衡量，将年度人均 GDP 不小于 20000 美元的国家划为发达国家，取值为 1，否则为发展中国家，取值为 0。经济周期阶段以虚拟二值变量来衡量，当经济周期波动值为正时，取值为 1，当经济周期波动值小于 0 时，取值为 0。投资同比增长率由固定资本形成同比增长率来衡量，中国投资同比增长率根据固定资本投资总额数据计算而得，净出口同比增长率根据进口和出口总额数据计算整理而得①，失业率变动根据统一失业率数据计算其同比差值而得。人均 GDP 年度数据来自 WDI 数据库，中国固定资本投资总额和个人消费支出数据来源于国家统计局，其他数据均来自 FRED 数据库，采用插值外推法补齐缺省数据。

---

① 计算公式为 $net_t = \dfrac{(export_t - import_t) - (export_{t-4} - import_{t-4})}{|export_{t-4} - import_{t-4}|} \times 100\%$，其中 t 为时期，export、import 分别为出口总额、进口总额，net 为净出口同比增长率。

剔除 G20 集团中数据缺失较严重的成员，最终使用美国、日本、英国、中国等 14 个国家的 2003 年 Q1～2018 年 Q2 面板数据，主要变量的描述性统计如表 5.3 所示。

表 5.3　　　　　　　　　　　主要变量描述性统计

变量名	变量含义	观测数	均值	标准差	最小值	最大值
vol14	经济周期波动	868	0.024	1.732	−9.091	5.579
lnepu14	经济政策不确定性	868	4.755	0.538	2.866	6.492
consump	消费同比增长率	868	3.707	5.166	−10.364	32.396
investment	投资同比增长率	868	4.346	8.636	−18.766	57.605
cpi	CPI 同比增长率	868	3.175	2.993	−2.213	16.858
unemploy	失业率变动	868	0.060	1.320	−2.182	14.367
net	净出口同比增长率	868	−62.103	1146.669	−24991.670	9592.233
develop	发达水平	868	0.643	0.479	0	1
phrase	经济周期阶段	868	0.550	0.498	0	1

5.2.3　主要变量的平稳性检验

为了避免模型中出现伪回归问题，确保估计结果的有效性，将同时使用同质性的 LLC 检验和异质性的 Fisher － ADF 检验进行面板单位根检验，检验回归方程中同时包含了截距项、时间趋势项和一阶滞后项，检验结果如表 5.4 所示。由表 5.4 可知，所有变量均在 1% 显著性水平下同时通过了 LLC 检验和 Fisher － ADF 检验，数据是平稳的，可直接进行模型估计。

表 5.4　　　　　　　　　　　主要变量的平稳性检验

序列名称	生成过程（c，t，p）	LLC 检验	Fisher － ADF 检验	结论
vol14	(1，1，1)	− 12.127 ***	177.233 ***	平稳
lnepu14	(1，1，1)	− 3.939 ***	99.553 ***	平稳
consump	(1，1，1)	− 5.090 ***	72.750 ***	平稳

序列名称	生成过程（c，t，p）	LLC 检验	Fisher – ADF 检验	结论
investment	(1, 1, 1)	− 5.558 ***	90.228 ***	平稳
cpi	(1, 1, 1)	− 7.498 ***	109.284 ***	平稳
unemploy	(1, 1, 1)	− 5.007 ***	83.930 ***	平稳
net	(1, 1, 1)	− 4.123 ***	175.290 ***	平稳
phrase	(1, 1, 1)	− 8.045 ***	113.919 ***	平稳

注：生成过程（c，t，p）中的 c 代表截距项、t 代表时间趋势项、p 代表滞后项，"1"代表包含该项，"0"代表不包含该项，*** 表示在 1% 显著性水平上拒绝存在单位根。由于 develop 在样本期间不随时间变量，故无需进行平稳性检验。

5.2.4　模型估计与结果分析

长面板数据可能存在组间异方差、组内自相关、组间截面相关等问题，为了保证估计结果的有效性，将进行相关检验。组间异方差 Wald 检验结果为 1340.79，强烈拒绝组间同方差的原假设，表明存在组间异方差。组内自相关 Wald 检验结果为 21.323，强烈拒绝不存在一阶组内自相关的原假设，表明存在组内自相关。组间截面相关 LM 检验结果为 1115.334，强烈拒绝无组间截面相关的原假设，表明存在组间截面相关。由于该模型存在明显的个体效应，将采用面板固定效应模型进行分析，根据德里斯科尔和克雷（Driscoll & Kraay，1998）的思想，将怀特（White，1980）、纽伊和韦斯特（Newey & West，1987）估计扩展到面板数据中，以解决面板数据中存在的异方差、序列相关和截面相关问题，估计结果如表 5.5 所示，其中混合截面 OLS 估计和随机效应模型估计作为对照。

表 5.5　　　　　　　　　面板固定效应估计结果

解释变量	被解释变量 vol14		
	（1）	（2）	（3）
	混合截面 OLS 估计	随机效应 GLS 估计	固定效应 FGLS 估计
lnepu	− 0.319 (0.203)	− 0.319 ** (0.158)	− 0.236 (0.354)

续表

解释变量	被解释变量 vol14		
	（1）	（2）	（3）
	混合截面 OLS 估计	随机效应 GLS 估计	固定效应 FGLS 估计
L. lnepu	− 0.193 （0.235）	− 0.193 （0.141）	− 0.143 （0.288）
L2. lnepu	− 0.366 （0.254）	− 0.366 *** （0.129）	− 0.330 （0.289）
L3. lnepu	− 0.047 （0.258）	− 0.047 （0.134）	− 0.034 （0.221）
L4. lnepu	0.756 *** （0.208）	0.756 *** （0.189）	0.616 ** （0.259）
consump	− 0.027 （0.024）	− 0.027 （0.030）	0.064 （0.045）
investment	0.078 *** （0.015）	0.078 * （0.044）	0.113 *** （0.028）
cpi	0.000 （0.022）	0.000 （0.033）	0.072 ** （0.043）
unemploy	− 0.169 ** （0.082）	− 0.169 （0.201）	0.234 *** （0.054）
net	0.000 （0.003）	0.000 （0.000）	0.000 （0.000）
是否控制时间趋势变量	是	是	是
是否控制个体虚拟变量	否	否	是
常数项	− 0.169 （0.643）	− 0.169 （0.599）	− 2.797 （2.584）
样本量	812	812	812
组数	／	14	14
R^2	0.191	0.191	0.291

注：*** 、** 、* 分别代表 1%、5%、10% 显著性水平，括号中的值为稳健标准误。

由表 5.5 可知，滞后 4 阶的经济政策不确定性对经济周期波动的影响最大，估计系数为 0.616，这说明经济政策不确定性每增加 1%，经济周期波动平均增加 0.616 个单位，经济政策不确定性在 1 年之后明显加剧了经济周期波动。然而，当期经济政策不确定性的估计系数为负，这说明经济政策不确定性并不会对当下的经济周期波动产生负面影响。这可能是因为经济行为主体捕捉经济政策不确定性相关信息，判断分析经济形势，调整相应经济决策存在 1 年左右的时滞效应，在政策调整之前倾向于保持"等等看"的观望态度。因此，t~3 期至 t 期，经济行为主体很有可能保持现状，静观其变，不会造成经济周期的剧烈波动。

消费增长率的估计系数在三种估计方法下符号不完全一致，在混合截面 OLS 估计和随机效应 GLS 估计中的系数为负，而在固定效应 FGLS 估计中的符号为正，且均未通过显著性水平检验。这说明消费增长率对经济周期波动的影响微乎其微。由此可见，要保持经济平稳健康运行，激发消费潜力，刺激消费需求是一条较好的途径之一。

与消费增长率相比，无论是从经济学意义，还是从统计学意义上来看，投资增长率对经济周期波动的影响要大得多。投资增长率的估计系数为 0.113，在 1% 的显著性水平上显著，投资每增加 1 个百分比，经济周期波动平均增加 0.113 个标准单位。这说明投资增长率的迅速提升，明显加剧了经济周期波动。由此可见，经济周期波动对投资变动的响应很敏感，而对消费变动的反应较为迟钝。投资过热或者投资大幅缩水，对经济体的平稳运行均会产生显著的消极影响。

CPI 同比增长率的估计系数为正，且在 5% 的显著性水平上显著。这说明 CPI 变动明显加剧了经济周期波动。从经济学意义上来看，CPI 变动对经济周期波动的影响明显小于投资变动。然而，物价变动仍然对经济周期波动产生了不容小觑的影响。稳定物价作为宏观经济调控的主要目标之一，是实现经济稳定增长，平抑经济周期波动的有利武器之一。

失业率变动的估计系数为 0.234，在 1% 的显著性水平上显著，失业率变动每增加 1 个百分比，经济周期波动就增加 0.234 个标准单位，失业率变动对经济周期波动的负面影响仅次于滞后 4 阶的经济政策不确定性。

净出口变动的估计系数为 0，无论是从经济学意义，还是从统计学意义上来看，其对经济周期波动的影响微乎其微。这说明就一国国内来看，净出口变动并不会引起明显的经济周期波动。由此看来，与消费一样，增加净出口是推动经济增长，保持经济平稳运行的有效途径之一。

综上所述，从一国国内来看，经济政策不确定性在 1 年之后明显加剧了经济周期波动，投资变动、物价变动、失业率变动均对经济体的平稳运行产生了不利影响，导致了经济周期波动。消费变动和净出口变动并不是加剧经济周期波动的原因，而是可以成为推动经济增长的利器之一。

5.2.5　经济政策不确定性对国内经济周期波动的异质性影响

从一国国内来看，经济政策不确定性对经济周期波动确实存在滞后的负面影响。然而，该影响效应是否因发达水平、所处经济周期阶段、经济政策不确定性自身类别等因素的不同而存在明显的异质性？这是我们需要进一步深入探索的问题，接下来将从不同发达水平、不同经济周期阶段、不同类别的经济政策不确定性三个角度展开论证。

5.2.5.1　不同经济发达水平下的实证分析

以虚拟二值变量来衡量发达水平，将年度人均 GDP 不小于 20000 美元的国家划为发达国家，取值为 1，否则为发展中国家，取值为 0。样本中被划分为发达国家的是美国、日本、英国、德国、法国、韩国、意大利、澳大利亚、加拿大，被划为发展中国家的是巴西、俄罗斯、墨西哥、印度、中国。接下来，将在基准模型式（5.2）的基础上进行分类别回归，估计结果如表 5.6 所示。

表 5.6   不同发达水平下的估计结果

解释变量	被解释变量 vol14		
	（1）	（2）	（3）
	全样本	发达国家	发展中国家
lnepu	-0.236 (0.354)	0.143 (0.199)	-0.250 (0.186)
L. lnepu	-0.143 (0.288)	0.155 (0.135)	-0.395 (0.189)
L2. lnepu	-0.330 (0.289)	-0.115 (0.102)	-0.454 (0.264)
L3. lnepu	-0.034 (0.221)	-0.238 (0.128)	0.299 (0.232)
L4. lnepu	0.616** (0.259)	0.341** (0.125)	0.809** (0.288)
consump	0.064 (0.045)	0.545*** (0.110)	0.045 (0.058)
investment	0.113*** (0.028)	0.068 (0.048)	0.010 (0.058)
cpi	0.072** (0.043)	0.368** (0.127)	0.029 (0.033)
unemploy	0.234*** (0.054)	0.123 (0.181)	0.277*** (0.097)
net	0.000 (0.000)	0.000 (0.000)	0.000 (0.000)
是否控制时间趋势变量	是	是	是
是否控制个体虚拟变量	是	是	是
常数项	-2.797 (2.584)	-3.443** (1.454)	-6.316** (3.814)
样本量	812	522	290
组数	14	9	5
R^2	0.291	0.503	0.294

注：***、** 分别代表 1%、5% 显著性水平，括号中的值为稳健标准误。

由表 5.6 可知，无论是发达国家，还是发展中国家，经济政策不确定性对经济周期波动主要体现为滞后 1 年左右的不利影响，经济政策不确定性明显加剧了经济周期波动。从估计系数的大小来看，发展中国家的经济政策不确定性对经济周期波动的影响程度远远高于发达国家，前者约是后者的 2.42 倍。这可能是因为不同性质的国家，政治经济体制存在较大差异，发达国家的经济行为主体对国家政府的依赖弱于发展中国家，独立能力更强，能更好地屏蔽宏观经济政策调整带来的负面影响。因此，在面临经济政策不确定性的负面冲击时，发达国家经济周期波动所受影响明显小于发展中国家。

5.2.5.2 不同经济周期阶段下的实证分析

经济周期阶段以虚拟二值变量来衡量，当经济周期波动值为正时，取值为 1，当经济周期波动值小于 0 时，取值为 0。由于经济政策不确定性对经济周期波动的影响可能受到经济周期所处阶段的影响，因此，接下来将根据经济周期所处阶段进行分类回归，回归结果如表 5.7 所示。

表 5.7　　　　　　　　　不同经济周期阶段下的估计结果

解释变量	被解释变量 vol14		
	（1）	（2）	（3）
	全样本	扩张阶段	收缩阶段
lnepu	−0.236 （0.354）	0.121 （0.099）	−0.318 （0.274）
L. lnepu	−0.143 （0.288）	0.175 （0.113）	−0.253 （0.181）
L2. lnepu	−0.330 （0.289）	−0.043 （0.113）	−0.329 （0.222）
L3. lnepu	−0.034 （0.221）	−0.050 （0.178）	0.037 （0.142）
L4. lnepu	0.616 ** （0.259）	0.230 （0.169）	0.285 ** （0.119）

解释变量	被解释变量 vol14		
	（1）	（2）	（3）
	全样本	扩张阶段	收缩阶段
consump	0.064 （0.045）	0.062*** （0.043）	0.057 （0.048）
investment	0.113*** （0.028）	0.020 （0.022）	0.074* （0.038）
cpi	0.072** （0.043）	0.015 （0.036）	0.153*** （0.041）
unemploy	0.234*** （0.054）	0.011 （0.028）	0.239 （0.178）
net	0.000 （0.000）	0.000 （0.000）	0.000 （0.000）
是否控制时间趋势变量	是	是	是
是否控制个体虚拟变量	是	是	是
常数项	-2.797 （2.584）	1.694 （1.077）	-6.316** （3.814）
样本量	812	455	357
组数	14	14	14
R^2	0.291	0.142	0.393

注：***、**、*分别代表1%、5%、10%显著性水平，括号中的值为稳健标准误。

由表5.7可知，在扩张阶段，经济政策不确定性对经济周期波动的影响不显著，而在收缩阶段，滞后4阶的经济政策不确定性估计系数为0.285，且在5%的显著性水平上显著。这说明经济政策不确定性在扩张期对经济周期波动的影响不大，主要在收缩期加剧了经济周期波动，证实了法伊格尔鲍姆等（2017）所说的"不确定性陷阱"的存在。

5.2.5.3 不同经济政策不确定性类别下的实证分析

经济政策不确定性包含货币政策不确定性、财政政策不确定性、贸易政策不确定性等，不同类别的经济政策不确定性对经济周期波动的影响是否存在异质性，对于评估经济政策的影响效果很有帮助，值得进一步深入探讨。货币政策不确定性和财政政策不确定性是经济政策不确定性的主要表现形式，接下来将重点比较这两类不确定性对经济周期波动的影响差异。参考普赖斯（1995）的做法，使用 GARCH 模型估算银行三月期利率和政府支出同比增长率的条件方差，以此分别来衡量货币政策不确定性、财政政策不确定性。银行三月期利率季度数据和政府支出同比增长率季度数据均来自 FRED 数据库，中国政府支出数据来自 Wind 数据库，缺省数据采用插值外推法补齐。固定效应回归估计结果如表 5.8 所示。

表 5.8　　　　　　经济政策不确定性不同类型下的估计结果

解释变量	被解释变量 vol14		
	（1）	（2）	（3）
	EPU 指数	货币政策不确定性	财政政策不确定性
uncertain	− 0.236 （0.354）	0.217 *** （0.074）	− 0.001 ** （0.0004）
L. uncertain	− 0.143 （0.288）	− 0.041 （0.113）	0.0001 （0.0004）
L2. uncertain	− 0.330 （0.289）	− 0.021 （0.115）	− 0.0004 （0.0003）
L3. uncertain	− 0.034 （0.221）	− 0.032 （0.178）	0.001 *** （0.0001）
L4. uncertain	0.616 ** （0.259）	− 0.028 （0.070）	− 0.0002 （0.0007）
consump	0.064 （0.045）	0.087 *** （0.025）	0.059 （0.077）
investment	0.113 *** （0.028）	0.119 *** （0.011）	0.123 *** （0.038）

解释变量	被解释变量 vol14		
	（1）	（2）	（3）
	EPU 指数	货币政策不确定性	财政政策不确定性
cpi	0.072 ** （0.043）	0.019 （0.035）	0.064 （0.043）
unemploy	0.234 *** （0.054）	−0.048 （0.044）	−0.092 （0.179）
net	0.000 （0.000）	0.000 （0.000）	0.000 （0.000）
是否控制时间趋势变量	是	是	是
是否控制个体虚拟变量	是	是	是
常数项	−2.797 （2.584）	−4.616 （1.018）	−3.073 ** （1.146）
样本量	812	812	812
组数	14	14	14
R^2	0.291	0.295	0.276

注：模型（1）以 EPU 指数来衡量经济政策不确定性；模型（2）以银行利率的条件波动性为衡量货币政策不确定性；模型（3）以政府支出同比增长率的条件波动性来衡量财政政策不确定性。***、** 分别代表1%、5%显著性水平，括号中的值为稳健标准误。

由表5.8可知，货币政策不确定性对经济周期波动的影响明显异于财政政策不确定性。前者在当期即对经济周期波动产生显著影响，随着货币政策不确定性的增加，经济周期波动随之加剧。后者对经济周期波动的影响存在明显滞后效应，从统计学意义上来讲，滞后3期的影响明显大于当期，且当期的影响为负，滞后3期的影响为正。这可能是因为经济行为主体捕捉财政政策不确定性的有效信息需要耗费一定时间，财政政策不确定性对经济行为主体的影响不像货币政策不确定性那么直接，人们的反应较为迟钝，所以存在明显的滞后正向作用。值得注意的是，从当期的影响效应来看，二者对经济周期波动的影响方向相反，前者是正向影响，后者是负向影响。这可能是因为经济行为主体对利率变动的敏感程度远远高于对财政政策调整的敏感程度。从估计系数绝对值的大小来看，货币政策不确定性的估计系数远高于财政政策不确定性，这说明前者对经济周期波动的影响程度远高于后者。

　　无论是从不同发达水平和不同经济周期阶段，还是从不同表现形式来看，经济政策不确定性对经济周期波动的影响存在明显的异质性。从不同发达水平来看，发展中国家的经济政策不确定性对经济周期波动的影响远高于发达国家，前者约是后者的 2.42 倍。从经济周期所处阶段来看，经济政策不确定性对经济周期波动的影响主要体现在收缩期，对扩张期的影响微乎其微。从经济政策不确定性的不同表现形式来看，货币政策不确定性主要表现为即期的正向影响，财政政策不确定性主要表现为滞后的正向影响，且货币政策不确定性的影响强度远大于财政政策不确定性。

5.2.6　稳健性检验

　　本小节将采用两种方式进行稳健性探讨，一种是调整样本规模，将样本缩减为 2008 年第 1 季度至 2016 年第 4 季度，另一种是改变数据频率，将季度数据调整为年度数据。调整样本数据后，对固定面板效应模型均进行同时考虑异方差、序列相关和截面相关的异方差和自相关一致协方差估计，具体估计结果如表 5.9 所示。

表 5.9　　　　　　　　　　　　稳健性检验估计结果

解释变量	被解释变量 vol14		
	（1）	（2）	（3）
	全样本	调整样本规模	调整数据频率
lnepu	−0.236 （0.354）	−0.260 （0.350）	−0.248 （0.119）
L.lnepu	−0.143 （0.288）	−0.174 （0.336）	−0.642 （0.602）

续表

解释变量	被解释变量 vol14		
	（1）	（2）	（3）
	全样本	调整样本规模	调整数据频率
L2. lnepu	− 0. 330 （0. 289）	− 0. 136 （0. 306）	1. 541 * （0. 847）
L3. lnepu	− 0. 034 （0. 221）	− 0. 141 （0. 254）	− 0. 091 （0. 315）
L4. lnepu	0. 616 ** （0. 259）	0. 655 * （0. 359）	− 0. 200 （0. 388）
consump	0. 064 （0. 045）	0. 136 * （0. 076）	0. 090 * （0. 047）
investment	0. 113 *** （0. 028）	0. 125 *** （0. 023）	0. 081 *** （0. 016）
cpi	0. 072 ** （0. 043）	0. 181 * （0. 090）	0. 051 （0. 054）
unemploy	0. 234 *** （0. 054）	− 0. 224 （0. 157）	− 0. 014 （0. 069）
net	0. 000 （0. 000）	0. 000 （0. 000）	0. 000 （0. 000）
是否控制时间趋势变量	是	是	是
是否控制个体虚拟变量	是	是	是
常数项	− 2. 797 （2. 584）	− 9. 424 （2. 736）	− 8. 038 （92. 577）
样本量	812	506	168
组数	14	14	14
R^2	0. 291	0. 414	0. 330

注：*** 、** 、*分别代表1%、5%、10%显著性水平，括号中的值为稳健标准误。

由表5.9可知，调整样本规模后，经济政策不确定性估计系数的大小及符号基本保持不变。季度数据转换成年度数据，调整数据频率后，经济政策不确定性滞后2阶的估计系数为正，且在10%显著性水平上显著。这说明经济政策不确定性确实对经济周期波动产生了 1～2 年的滞后影响，与原结论基本一致。由此可知，经济政策不确定性在 1～2 年之后确实加剧了经济周期波动，通过了稳健性检验，结论是可信的。

5.3　本章小结

本章首先利用面板 VAR 模型对一国国内经济政策不确定性与经济周期波动二者之间的互动关系进行了初步探讨，其次采用面板固定效应模型定量分析了经济政策不确定性影响经济周期波动的大小与方向，最后从经济发达水平、所处经济周期阶段、经济政策不确定性的不同类别三个角度进一步探讨了经济政策不确定性对经济周期波动的异质性影响。得到的主要结论如下。

第一，由面板 VAR 模型脉冲响应函数可知，不同经济发展水平的国家，其经济周期波动对于经济政策不确定性短期影响的响应时间与响应幅度均存在一定差异，收缩期的经济政策不确定性对经济周期波动的影响幅度最大，持续时间较长。

第二，由面板固定效应模型实证结果可知，滞后 4 阶的经济政策不确定性对经济周期波动的影响最大，经济政策不确定性在 1 年之后明显加剧了经济周期波动。由于经济行为主体捕捉经济政策不确定性相关信息，判断分析经济形势，调整相应经济决策存在一定时滞，在政策调整之前倾向于保持"等等看"的观望态度，经济政策不确定性在当期并不会造成经济周期的剧烈波动。

第三，由异质性分析结果可知，从经济发达水平看，无论是发达国家，还是发展中国家，经济政策不确定性对经济周期波动主要体现为滞后 1 年左右的不利影响，经济政策不确定性明显加剧了经济周期波动。发展中国家的经济政策不确定性对经济周期波动的影响程度远远高于发达国家，前者约是后者的 2.42 倍。从所处经济周期阶段来看，经济政策不确定性在扩张期对经济周期波动的影响不大，主要在收缩期加剧了经济周期波动，证实了法伊格尔鲍姆等（2017）所说的"不确定性陷阱"的存在。从经济政策不确定性的不同类别来看，货币政策不确定性主要表现为即期的正向影响，财政政策不确定性主要表现为滞后的正向影响，且货币政策不确定性的影响强度远大于财政政策不确定性。

第6章　经济政策不确定性影响经济周期波动的国际传导实证分析①

上一章对经济政策不确定性影响经济周期波动的国内传导进行了细致分析，如今一国国内的资讯很容易通过各种媒介传播至他国，极有可能产生连锁反应。那么经济政策不确定性是否存在溢出效应？这种溢出效应的方向与大小具体如何？一国国内的经济政策不确定性是如何通过溢出效应影响到他国的经济周期波动？该影响程度有多深，范围有多广？这些问题均值得进一步深入分析与探讨。接下来，将对经济政策不确定性的溢出效应大小进行测度，探讨溢出效应的形成机理，并进一步分析溢出效应最大的国家的经济政策不确定性对其他国家经济周期波动的影响，即深入剖析经济政策不确定性影响经济周期波动的国际传导。

6.1　引　　言

2018 年，在博鳌亚洲论坛上，习近平主席指出："近来，反全球化思潮和保护主义情绪升温，加剧了世界经济中的风险和不确定性。"不确定性加剧不仅仅是某一个国家的问题，而是全球人类共同面临的难题。经济政策不确定性作为不确定性的特定表现形式，对本国与其他国家的

---

① 本章在《经济政策不确定性的溢出效应及形成机理研究》（刊于《统计研究》2019 年第 1 期）基础上完成的。

宏观经济均产生了不可忽视的影响。如何对经济政策不确定性溢出效应进行测算与评估？这种溢出效应的形成机制是什么？一国经济政策不确定性是如何溢出影响其他国家的经济周期波动？对这些议题的探讨，有助于我们更好认识经济政策不确定性对宏观经济的影响后果，有利于评估政策调整后的效果，对提高世界经济抗风险能力，保持经济持续平稳运行，具有重要的现实意义。

根据已有文献来看，目前学界主要聚焦于经济政策不确定性对一国国内投资、消费、就业、产出等宏观经济变量的影响研究，并对其传导机制进行相应探讨。然而，对经济政策不确定性溢出效应的研究凤毛麟角，特别是对其形成机制的讨论几乎没有。极少数文献采用实证研究方法验证了经济政策不确定性溢出效应的存在（Colombo，2013；Bhattarai et al.，2017；Claeys，2017），但对溢出效应的大小与方向并没有深入分析。迪博尔德和伊尔马兹（Diebold & Yilmaz，2012）构建广义向量自回归框架，利用广义预测误差方差分解，提出测度总波动溢出指数与方向性波动溢出指数的新方法。他们应用该方法对美国股票市场、债券市场、外汇市场和商品市场之间的波动溢出效应进行了测度。然而，现实经济活动中国与国之间的经济政策不确定性溢出效应普遍存在，并对相关国家的消费、投资、贸易等均产生了不可忽视的影响。经济政策不确定性是一个易于波动的变量，容易受到消息冲击的影响，并蔓延至其他国家，其溢出效应与股票市场、债券市场之间的溢出效应有异曲同工之妙。因此，将基于迪博尔德和伊尔马兹（2012）测算溢出指数的方法，定量分析跨国之间经济政策不确定性溢出效应，对其形成机制进行深入探讨，并进一步实证分析一国经济政策不确定性对他国经济周期波动的影响，为完善全球经济金融治理，提高经济体抗风险能力提供经验支持。与迪博尔德和伊尔马兹（2012）的区别主要为：一是研究视角不同，本章主要聚焦于跨国之间的经济政策不确定性溢出效应，后者主要研究一国内不同市场之间的溢出效应。二是研究侧重点不一样，前者重点关注溢出效应的测度及形成机制，后者主要侧重溢出效应方法构建。

综上所述，本章的贡献主要体现在四个方面：第一，样本种类更丰富，不仅仅研究发达国家经济政策不确定性的溢出效应，同时包含发展中国家以及新兴市场经济体的样本，有利于更全面系统认识其溢出效应。第二，已有研究只是探讨经济政策不确定性是否存在溢出效应，本章将对溢出效应进行测度，并对其大小与方向进行深入剖析，为定量分析经济政策不确定性溢出效应提供新思路。第三，我们将追根溯源对经济政策不确定性溢出效应的形成机理进行初步探讨与实证验证。第四，采用分位数回归进一步研究在经济政策不确定性溢出效应不同分位点上，主要因素对其影响程度是否存在差异。第五，实证分析一国经济政策不确定性溢出影响他国的经济周期波动。

6.2　经济政策不确定性的溢出效应测度

6.2.1　溢出效应测度方法说明

全球经济政策不确定性水平节节攀升是一国国内或某一地区的政治活动、经济危机等引起经济政策不确定性飙升而产生溢出效应的外在表现形式，借鉴迪博尔德和伊尔马兹（2012）广义预测误差方差分解思想，突破了传统的 Cholesky 方差分解对变量次序的依赖性，构建了经济政策不确定性的溢出效应指数，以分析溢出效应的方向与大小。依据迪博尔德和伊尔马兹（2012）的做法，具体的测算过程如下。

首先，构建样本内所有国家关于经济政策不确定性的 VAR（p）模型：

$$x_t = \sum_{i=1}^{p} \Psi_i x_{t-i} + \xi_t \qquad (6.1)$$

其中，x_t 是由 N 个国家经济政策不确定性指数（EPU 指数）组成的 N 维列向量，ξ_t 是 N 维扰动列向量，Ψ_i 是 $N \times N$ 维系数矩阵，$\xi_t \sim i.i.d(0, \sum)$，$\sum$ 为协方差矩阵。方程（6.1）的移动平均形式可表示为：

$$x_t = \sum_{i=0}^{\infty} M_i \xi_{t-i} \tag{6.2}$$

其中，N 阶系数矩阵 M_i 服从的递推公式为 $M_i = \Psi_1 M_{i-1} + \Psi_2 M_{i-2} + \cdots + \Psi_p M_{i-p}$，$M_0$ 为 $N \times N$ 维单位矩阵，且当 $i < 0$ 时，$M_i = 0$。

其次，利用库普等（Koop et al.，1996）、佩萨林和希恩（Pesaran & Shin，1998）、克洛布纳和瓦格纳（Klößner & Wagner，2012）的广义 VAR 分析框架，对协方差矩阵 $\sum$ 进行广义预测误差方差分解，将每个变量的预测误差方差分解成多个小部分以衡量其对整个系统冲击的贡献，协方差矩阵可表示为：

$$\sum = QQ' \tag{6.3}$$

其中，Q 为协方差矩阵 $\sum$ 奇异的 Cholesky 因子，因此，方程（6.2）可以表示为：

$$x_t = \sum_{t=0}^{\infty} (M_i Q)(Q^{-1} \xi_{t-i}) = \sum_{t=0}^{\infty} \tilde{M}_i \tilde{\xi}_{t-i} \tag{6.4}$$

再次，得到 i 国家 x_i 向前 G 步预测误差方差中由 j 国家 x_j 冲击引起的比例为：

$$\Theta_{ij}^h(G) = \frac{\sigma_{jj}^{-1} \sum_{g=0}^{G-1} (e_i' M_g \sum e_j)^2}{\sum_{g=0}^{G-1} (e_i' M_g \sum M_g' e_j)} \tag{6.5}$$

其中，$\sum$ 为误差向量 ξ 的协方差矩阵，σ_{jj} 是第 j 个方程误差项的标准差，e_i 是选择向量，若为第 i 个元素，则取值为 1，否则为 0。为了更好地比较分析溢出指数值，对 $\Theta_{ij}^h(G)$ 进行标准化处理，计算公式如下：

$$\tilde{\Theta}_{ij}^h(G) = \frac{\Theta_{ij}^h(G)}{\sum_{j=1}^N \Theta_{ij}^h(G)} \tag{6.6}$$

最后，利用方差分解的波动贡献，可以构建总体波动溢出指数、方向溢出指数以及净溢出指数，计算公式分别如下所示：

$$T^h(G) = \frac{\sum\limits_{\substack{i,j=1 \\ i \neq j}}^{N} \widetilde{\Theta}_{ij}^h(G)}{\sum\limits_{i,j=1}^{N} \widetilde{\Theta}_{ij}^h(G)} \times 100 = \frac{\sum\limits_{\substack{i,j=1 \\ i \neq j}}^{N} \widetilde{\Theta}_{ij}^h(G)}{N} \times 100 \qquad (6.7)$$

$$T_{i\cdot}^h(G) = \frac{\sum\limits_{j=1,j\neq i}^{N} \widetilde{\Theta}_{ij}^h(G)}{\sum\limits_{i,j=1}^{N} \widetilde{\Theta}_{ij}^h(G)} \times 100 = \frac{\sum\limits_{j=1,j\neq i}^{N} \widetilde{\Theta}_{ij}^h(G)}{N} \times 100 \qquad (6.8)$$

$$T_{\cdot i}^h(G) = \frac{\sum\limits_{j=1,j\neq i}^{N} \widetilde{\Theta}_{ji}^h(G)}{\sum\limits_{i,j=1}^{N} \widetilde{\Theta}_{ji}^h(G)} \times 100 = \frac{\sum\limits_{j=1,j\neq i}^{N} \widetilde{\Theta}_{ji}^h(G)}{N} \times 100 \qquad (6.9)$$

$$T_i^h(G) = T_{\cdot i}^h(G) - T_{i\cdot}^h(G) \qquad (6.10)$$

其中，$T^h(G)$ 为总体溢出指数，$T_{i\cdot}^h(G)$ 表示其他国家对国家 i 的溢出值，$T_{\cdot i}^h(G)$ 表示国家 i 对其他国家的溢出值，$T_i^h(G)$ 表示国家 i 的净溢出指数。

6.2.2　经济政策不确定性指标描述统计分析

G20 集团成员同时涵盖了发达国家、发展中国家和新兴经济体，其生产总值（GDP）占全球经济的90%，贸易额占全球的80%，以它为样本具有较好的代表性。囿于数据的可获得性，剔除数据严重缺失的 5 个国家，剩下的 G20 国家①分别为巴西、澳大利亚、墨西哥、日本、英国、俄罗斯、印度、德国、加拿大、意大利、法国、中国、韩国、美国。此外，样本国家中经济政策不确定性指数数据（采用自然对数形式）从 2003 年 1 月开始较为完整，更新到了 2017 年 5 月，故样本时间范围为 2003 年 1 月~2017 年 5 月。样本数据的描述性统计如表 6.1 所示。

---

① G20 集团成员有 20 个，包含 19 个国家和 1 个地区，由于欧盟包含了法国、意大利、德国等国家，故将欧盟从样本中剔除。

表 6.1 数据描述性统计

国家	均值	标准差	最小值	最大值	偏度	峰度
美国（us）	4.701	0.325	4.047	5.502	0.086	2.151
英国（uk）	5.055	0.668	3.417	7.040	0.079	2.685
中国（chn）	4.815	0.656	3.264	6.544	0.226	2.774
法国（fra）	5.103	0.554	3.422	6.354	-0.346	2.721
德国（ger）	4.792	0.497	3.348	6.118	-0.176	2.912
俄罗斯（rus）	4.759	0.556	3.183	5.992	-0.264	3.110
日本（jap）	4.608	0.307	3.881	5.468	0.223	2.854
巴西（bra）	4.887	0.558	3.104	6.518	0.153	3.542
印度（ind）	4.441	0.536	3.216	5.648	-0.002	2.358
意大利（ita）	4.634	0.355	3.465	5.485	-0.323	3.174
澳大利亚（aus）	4.483	0.590	3.245	5.820	0.029	2.345
加拿大（can）	4.845	0.561	3.700	6.092	-0.076	2.049
韩国（kor）	4.803	0.436	3.625	6.015	0.192	3.046
墨西哥（mex）	4.077	0.622	2.141	6.061	0.080	4.093

由表 6.1 可知，经济政策不确定性水平值平均程度位列前三的是法国、英国、巴西，分别达到了 5.103、5.055、4.887；波动程度位列前三的分别是英国、中国、墨西哥，其标准差均超过了 0.600；从偏度来看，法国、德国、俄罗斯、印度、意大利、加拿大的偏态系数均为负，说明样本中超过均值的数量更多，其他成员的状况则相反；从峰度来看，该系数超过 3 的国家共有 5 个，分别是俄罗斯、巴西、意大利、韩国、墨西哥，其概率密度分布曲线形态较为陡峭。为了更直观地了解样本中经济政策不确定性水平值与波动值，绘制折线图，分别如图 6.1、图 6.2 所示。

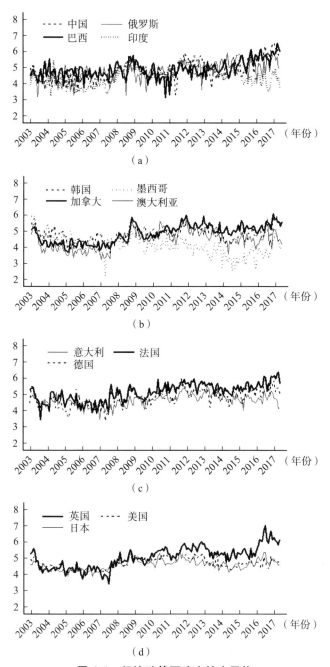

图 6.1　经济政策不确定性水平值

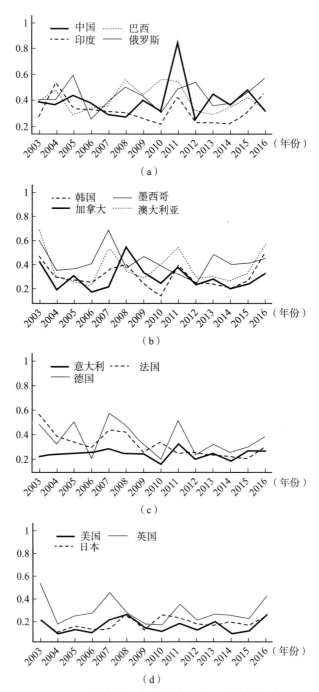

（a）

（b）

（c）

（d）

图 6.2　经济政策不确定性波动值（年度标准差）

从经济政策不确定性水平值来看，法国、英国等欧洲地区的整体水平较高，无论是从波动幅度还是波动方向来看，均呈现一定程度的协同性；而金砖国家的水平值较不平稳，在样本区间内均呈现大幅度波动；2008年之前，英国、美国、日本的经济政策不确定性水平呈明显趋同态势，而2008年之后，这三个主要发达国家呈现显著的分化趋势，英国明显高于美日两国；墨西哥与其他主要新兴经济体截然不同，全球金融危机之后，墨西哥的整体水平呈下降趋势，但波动幅度较为剧烈。从经济政策不确定性波动值来看，发展中国家的波动值整体水平明显高于发达国家，2011年，中国的波动值为0.843，达到历史高峰；而美国、日本、意大利等发达国家在样本区间内的波动值范围为0.1~0.3，相对平稳。

6.2.3　经济政策不确定性溢出指数估计与分析

参考迪博尔德和伊尔马兹（2012）的做法，测算了2003年1月至2017年5月期间样本国之间的不确定性溢出效应。所有结果均基于一阶（信息准则最小化原则）月度向量自回归模型进行，采用了前向12个月预测误差方差分解，具体结果如表6.2所示。

从经济政策不确定性溢出效应的大小来看，对其他成员的溢出效应超过50%的均为发达国家，其中美国的溢出效应遥遥领先，为373.79%。发达国家对其他成员溢出效应的均值为74.55%，而发展中国家的均值为12.80%，前者明显强于后者。由此可知，发达国家的经济政策不确定性更易于溢出影响其他国家。美国对加拿大、韩国的溢出效应均超过40%，对加拿大、日本、韩国、澳大利亚经济政策不确定性的贡献甚至超过了他们自身。从来自其他成员的溢出效应来看，俄罗斯受到的影响最小，仅为5.48%，远低于其他成员，说明它对其他国家经济政策不确定性的抵抗能力最强，94.52%的经济政策不确定性来源该国国内。中国对其他成员的溢出效应为38.57%，而来自其他成员的溢出效应为24.12%，净溢出效应为14.45%，其溢出效应领先于其他发展中国家。

表6.2　经济政策不确定性溢出效应

单位：%

	us	uk	chn	fra	ger	rus	can	jap	bra	ind	ita	aus	kor	mex	来自其他成员的溢出效应
us	75.24	5.27	1.87	2.66	2.26	0.68	1.45	2.61	0.29	2.46	0.07	3.88	0.93	0.32	24.76
uk	33.36	54.11	0.89	2.08	1.25	0.89	0.72	1.24	0.17	0.47	0.01	3.80	0.34	0.69	45.89
chn	15.34	4.98	75.88	0.57	0.40	0.10	0.10	0.27	0.11	0.59	0.20	0.35	0.58	0.52	24.12
fra	34.72	12.20	2.27	47.70	0.66	0.04	0.33	0.40	0.08	0.15	0.06	0.53	0.77	0.07	52.30
ger	34.70	11.32	1.26	8.12	39.33	0.87	0.60	0.49	0.10	0.25	0.01	1.84	0.36	0.76	60.67
rus	1.09	0.04	0.00	0.89	3.09	94.52	0.01	0.09	0.00	0.01	0.01	0.00	0.24	0.01	5.48
can	47.67	10.09	3.11	7.71	6.73	0.38	19.25	1.09	0.16	0.80	0.02	2.68	0.20	0.10	80.75
jap	37.59	4.30	9.43	4.52	2.86	0.60	3.20	33.87	0.05	0.79	0.01	2.47	0.29	0.02	66.13
bra	10.85	0.92	7.72	1.71	1.29	2.75	3.19	0.17	70.92	0.04	0.02	0.02	0.28	0.11	29.08
ind	29.93	1.73	1.12	0.29	1.18	2.23	0.36	6.34	0.34	55.57	0.00	0.89	0.02	0.01	44.43
ita	17.88	7.55	0.54	10.83	0.46	1.17	2.54	4.98	0.97	0.47	50.98	1.58	0.02	0.02	49.02
aus	34.93	8.99	2.44	2.27	2.63	0.40	3.24	8.62	0.91	7.49	0.84	27.18	0.02	0.03	72.82
kor	43.32	8.32	5.81	5.78	3.99	0.10	0.10	0.06	0.12	0.57	0.00	1.04	30.68	0.10	69.32
mex	32.40	2.25	2.12	2.67	0.14	0.01	0.66	0.25	1.00	0.18	0.41	3.70	2.64	51.57	48.43
对其他成员的溢出效应	373.79	77.96	38.57	50.11	26.96	10.22	16.51	26.62	4.29	14.29	1.67	22.78	6.68	2.76	总溢出指数
包含自身的溢出效应	449.03	132.06	114.45	97.81	66.29	104.74	35.76	60.48	75.21	69.86	52.65	49.96	37.36	54.32	48.09

值得注意的是，发展中国家来自自身的经济政策不确定性溢出水平要明显高于发达国家，这可能是因为现阶段发展中国家处于后发优势，为了实现经济上的追赶，政府对经济的宏观调控程度高于发达国家的缘故。从整体来看，经济政策不确定性总溢出指数为 48.09%，溢出程度较深，说明经济政策不确定性易于从一国传染蔓延至另一国。

表 6.2 中的结果是基于全样本进行的估算，由于世界级大事件频发，可能存在周期效应或时间效应，接下来还将采用 36 个月的滚动样本进行估计，获取滚动样本的总溢出指数。为了更好地分析经济政策不确定性溢出效应，我们将全球经济政策不确定性（自然对数值）作为参照，绘制到同一折线图中，具体内容如图 6.3 所示。

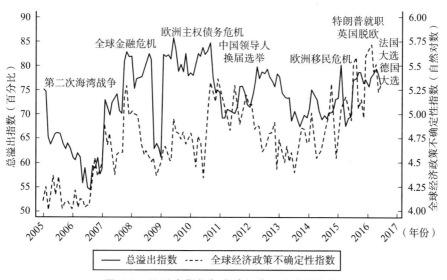

图 6.3　总溢出指数与全球经济不确定性指数

资料来源：参考 Baker et al（2016）绘制而成。

由图 6.3 可知，全球金融危机爆发之后，经济政策不确定性总溢出指数连月攀升，2008 年 10 月达到一次峰值为 82.95%。受全球金融危机的持续影响，2009 年开始爆发欧洲主权债务危机，2010 年 5 月，经济政策不确定性总溢出指数达到历史峰值 85.70%。这说明国与国之间的溢出效应泛滥，经济政策不确定性受到其他成员的污染程度较深，进一步加剧了全球金融危机的影响后果。从整体特征来看，经济政策不确定性总溢出指数可以分成三个大周期：第一个周期从 2005 年 12 月开始，一直持续到 2009 年 12 月；第二个周期从 2010 年 1 月开始，到 2012 年 12 月结束；第三个周期从 2013 年 1 月开始，于 2017 年 5 月结束。第一个周期的波动幅度最大，波动频率最小，最小谷值为 54.57%，最高峰值为 82.95%，二者之间差值为 28.35%，这一周期内经历了第二次海湾战争与全球金融危机。第二个周期的持续时间最短，波谷到波峰几乎呈直线上升，曲线形状非常陡峭，波峰到波谷这半个周期的波动曲线呈锯齿状，即经济政策不确定性溢出效应呈波动下滑状态。第三个周期波动较为密集，波动方向不连贯，无论是上升期还是下降期，均在剧烈的波动过程中动态完成。

对照全球经济政策不确定性水平值来看，当前者水平值呈上升趋势时，其溢出效应也随之增加；当前者波动剧烈时，其溢出效应亦受到影响，呈极不稳定状态。2005～2011 年，世界级大事件相对较少，当突然爆发第二次海湾战争、全球金融危机时，经济政策不确定性溢出效应呈井喷式增长。在 2012 年之后，全球大事件频发，其溢出效应波动剧烈，但其溢出效应的峰值明显低于 2012 年之前的峰值。由此可知，经济政策不确定性溢出效应可能对突发的大事件较为敏感，而对于可以预期到的世界大事则较为迟钝。

6.3 溢出效应形成机理的实证检验

6.3.1 计量模型设定

在得到经济政策不确定性溢出效应估计结果之后，接下来将结合溢出效应的特征，进一步探讨经济政策不确定性传染其他国家的传导机理。

经济越发达的国家，其经济实力与国际影响力越大，对其他国家经济发展的辐射范围越广，其经济政策不确定性的溢出效应越大。美国是世界上第一大强国，其经济政策不确定性溢出效应高达373.79%，对G20其他成员的贡献均较大，其中对印度、墨西哥的贡献分别为29.93%、32.40%。据此，提出第一个假设。

假设6-1：一般而言，经济发展水平越高，经济政策不确定性溢出效应越强。

贸易往来越频繁，经济联系越紧密，实力强的国家，其经济政策不确定性更易于"出口"到其他国家。样本期间，加拿大始终是美国最大的出口国，并一直占据美国进口国的第一名或第二名，综合来看是美国最大的贸易伙伴。2016年，美国对加拿大的出口总额为2659.6亿美元、进口总额为2780.7亿美元，位居贸易总额的榜眼，美国经济政策不确定性对加拿大的溢出效应为47.67%。本国若受到不确定性冲击，对外贸易也会受到相应的影响，从而刺激到贸易伙伴目标国家，引起经济政策不确定性的联动。据此，提出第二个假设。

假设6-2：对外贸易促进了经济政策不确定性溢出效应。

汇率波动能在一定程度上反映本币与外币供求状况、相关国家的经济基本面、政治稳定程度。汇率波动越频繁，投机性外资流动也随之增加，越不利于经济系统的平稳运行，从而更容易使一国（地区）的经济政策不确定性通过汇率这一渠道蔓延至其他国家。据此，提出第三个假设。

假设6-3：汇率波动加速了经济政策不确定性溢出效应。

经济政策不确定性溢出效应可能与经济政策不确定性水平值与波动值本身有关，当其水平值本身处于高位，同时突然受到外界冲击干扰，可能更容易向外界传递未来发展不确定这一信号，从而导致其他国家（地区）的经济政策不确定性水平产生联动效应。据此，提出第四个假设。

假设 6-4：经济政策不确定性程度越深，波动越剧烈，其溢出效应越大。

根据上述分析，参考科伦波（Colombo，2014）、克莱伊（Claeys，2017）等相关研究，检验经济政策不确定性溢出效应传导机理的计量基准模型设定如下：

$$T_{\cdot it}^{h}(G) = \alpha_0 + \alpha_1 develop_{i,t-1} + \alpha_2 lntrade_{i,t-1} + \alpha_3 exchange_{i,t-1}$$
$$+ \alpha_4 lnepu_{i,t-1} + \alpha_5 volepu_{i,t-1} + \sum \lambda_i \chi_{i,t-1} + u_i + \mu_{it}$$

$$(6.11)$$

上述方程式中，i 代表国家，t 代表时间，$T_{\cdot}^{h}(G)$ 代表经济政策不确定性溢出效应，develop 代表经济发达水平，trade 代表对外贸易总额，exchange 代表汇率波动，epu 为经济政策不确定性程度（水平值），volepu 为经济政策不确定性波动（波动值），χ 为一系列控制变量，包含 CPI 指数（cpi）、失业率（unemploy）、十年期国债收益率（bond）、工业增加值指数（industrial）等，u_i 为不随时间变化的扰动项，μ_{it} 为随个体和时间而改变的扰动项。

由于经济政策不确定性溢出效应的形成需要花费一定的时间，同时也为了减轻模型的内生性问题，参考顾夏铭等（2018）的做法，所有的解释变量与控制变量均采用滞后一阶形式。

由于经济政策不确定性溢出效应可能同时与其水平值、波动值相关，当波动越剧烈，水平值越高，其溢出效应可能越大，参考蒙塔兹和扎内蒂（Mumtaz & Zanetti，2013）的做法，模型中加入二者交互项，由 $lnepu_{i,t-1} \times volepu_{i,t-1}$ 表示。此外，经济政策不确定性程度及其波动对经济政策不确定性溢出效应的影响可能会依赖对外贸易水平，即经济政策不确定性水平值与对外贸易之间，以及波动值与对外贸易之间可能存在交互效应，故在基准模型中加入相应的交互项，分别由 $lnepu_{i,t-1} \times lntrade_{i,t-1}$、$volepu_{i,t-1} \times lntrade_{i,t-1}$ 来表示。为了验证上述假设，将基准计量模型修正如下所示：

$$T_{\cdot it}^{h}(G) = \gamma_0 + \gamma_1 develop_{i,t-1} + \gamma_2 lntrade_{i,t-1} + \gamma_3 exchange_{i,t-1}$$
$$+ \gamma_4 lnepu_{i,t-1} + \gamma_5 volepu_{i,t-1} + \sum \lambda_i \chi_{i,t-1} + \gamma_6 lnepu_{i,t-1}$$
$$\times volepu_{i,t-1} + \gamma_7 lnepu_{i,t-1} \times lntrade_{i,t-1} + \gamma_8 volepu_{i,t-1}$$
$$\times lntrade_{i,t-1} + u_i + \mu_{it} \tag{6.12}$$

6.3.2　变量选取与数据来源

6.3.2.1　经济政策不确定性程度与波动

经济政策不确定性反映了经济政策制定的不透明程度、经济政策执行的不一致程度以及对未来政策预测的难易程度。采用贝克、布鲁姆与戴维斯三位学者联合编制的经济政策不确定性指数来衡量经济政策不确定性程度，它主要包含三部分，分别是新闻指数、税法法条失效指数以及经济预测差值指数。由于该指数数值比较大，为了避免产生异方差，均取其自然对数形式，原始数据来源于经济政策不确定性指数网站。经济政策不确定性波动通过计算其前向 12 个月滚动标准差而得。

6.3.2.2　经济政策不确定性溢出效应

本小节主要分析一国（地区）的经济政策不确定性污染其他国家（地区）的程度，即溢出效应，而对其自身免疫能力这一问题暂未深入研究。因此，参考迪博尔德和伊尔马兹（2012）的估算方法，主要采取前向 36 个月滚动样本测算对其他成员的溢出效应，以这一指标来衡量经济政策不确定性溢出效应。由于采用滚动样本，样本量会有一定损失，最终得到了 2005 年 12 月 ~2017 年 5 月经济政策不确定性溢出效应估算结果。

6.3.2.3　其他变量

经济发达水平能在一定程度上反映样本国家（地区）的经济实力与

国际地位，由于缺乏人均 GDP 的月度数据，将年度人均 GDP 不小于
20000 美元的国家（地区）划为发达国家，取值为 1，否则为发展中国
家，取值为 0，以此二值变量来衡量经济发达水平。对外贸易主要由进
出口总额来衡量，汇率波动主要由广义实际有效汇率的前向 12 个月滚动
标准差来测度。中国与印度只有失业率季度数据，由于样本期间失业率
数据变动微小，将采用插值外推法预测失业率月度数据。人均 GDP 年度
数据来自 WDI 数据库，中国十年期国债收益率数据来自英为财情网站，
其他数据均来自 FRED 数据库，所有的缺省值均采用插值外推法进行填
充。剔除 G20 集团中经济政策不确定性数据缺失较为严重的成员，最终
以 2006 年 1 月至 2016 年 12 月 G20 中 14 个成员国为研究对象，机理分
析中主要变量的描述性统计如表 6.3 所示。

表 6.3　　　　　　　　　　**机理分析中主要变量的描述性统计**

变量	观测值	平均值	标准差	最小值	最大值
T. ^{h}(G)	1848	0.727	1.226	0.003	8.843
Ln(trade)	1848	25.145	0.704	23.475	26.710
Ln(epu)	1848	4.759	0.574	2.141	7.040
volepu	1848	0.330	0.134	0.094	0.889
exchange	1848	3.465	2.610	0.222	19.679
develop	1848	0.643	0.479	0.000	1.000
cpi	1848	103.479	16.039	57.057	164.700
bond	1848	4.765	3.171	−0.240	17.330
unemploy	1848	5.761	2.457	1.100	13.100
industrial	1848	1.047	0.128	0.694	1.931

　　注：对外贸易（lntrade）、经济政策不确定性指数（lnepu）取了自然对数，其他变量没有采用对数形式，统计结果小数点后保留三位有效数字。

　　为了避免模型中出现伪回归问题，确保估计结果的有效性，将同时
使用 LLC 检验和 Fisher – ADF 检验两种方法对各变量进行面板单位根检

验。由表 6.4 可知，CPI 指数（cpi）和工业增加值指数（industrial）的原始序列在 10% 显著性水平下无法拒绝非平稳性原假设，所有一阶差分序列均通过 1% 显著性水平检验。因此，需对模型（6.12）进行修正，CPI 指数和工业增加值指数采用一阶差分后的数据进行估计。

表 6.4　　　　　　　　　　　　面板单位根检验

变量	原始序列			一阶差分序列		
	生成过程	LLC 检验值	结论	生成过程	LLC 检验值	结论
T.^{h}(G)	(c, t)	− 5.841 ***	平稳	(c, t)	− 34.400 ***	平稳
Ln(trade)	(c, t)	− 6.631 ***	平稳	(c, t)	− 31.325 ***	平稳
Ln(epu)	(c, t)	− 14.002 ***	平稳	(c, t)	− 46.461 ***	平稳
volepu	(c, t)	− 2.199 **	平稳	(c, t)	− 22.692 ***	平稳
exchange	(c, t)	− 7.027 ***	平稳	(c, t)	− 20.471 ***	平稳
cpi	(c, t)	− 0.656	不平稳	(c, t)	− 21.189 ***	平稳
bond	(c, t)	− 2.178 **	平稳	(c, t)	− 15.258 ***	平稳
unemploy	(c, t)	− 1.546 *	平稳	(c, t)	− 11.439 ***	平稳
industrial	(c, t)	0.167	不平稳	(c, t)	− 21.172 ***	平稳

注：(c, t) 中 c 表示包含截距项，t 表示包含时间趋势，*、**、*** 分别代表 10%、5%、1% 的显著性水平，下同。

6.3.3　计量结果分析

长面板数据可能存在组间异方差、组内自相关、组间截面相关等问题，为了保证估计结果的有效性，将进行相关检验。组间异方差 Wald 检验结果为 2.6e+06，强烈拒绝组间同方差的原假设，表明存在组间异方差。组内自相关 Wald 检验结果为 529.222，强烈拒绝不存在一阶组内自相关的原假设，表明存在组内自相关。组间截面相关 LM 检验结果为709.713，强烈拒绝无组间截面相关的原假设，表明存在组间截面相关。由于该模型存在明显的个体效应，将采用面板固定效应模型进行分析，根据德里斯科尔和克雷（Driscoll & Kraay，1998）的思想，将怀特（White，1980）、纽伊和韦斯特（Newey & West，1987）估计扩展到面板数据中，以解决面板数据中存在的异方差、序列相关和截面相关问题，估计结果如表 6.5 所示，其中混合截面 OLS 估计作为对照。

表 6.5　　　　　　　　　　　　面板固定效应估计结果

解释变量	被解释变量 T.[h](G)	
	（1）	（2）
	混合截面 OLS 估计	综合处理
L. lntrade	0.765 ** (0.314)	− 0.641 *** (0.158)
L. lnepu	− 9.194 *** (1.794)	− 2.906 *** (0.843)
L. volepu	81.940 *** (6.073)	− 1.658 (4.875)
L. (lnepu × volepu)	0.873 ** (0.341)	0.129 (0.193)
L. (lnepu × lntrade)	0.353 *** (0.071)	0.114 *** (0.034)
L. (volepu × lntrade)	− 3.453 *** (0.269)	0.057 (0.200)
L. vexchange	0.022 ** (0.008)	0.0003 (0.005)
L. d. cpi	− 0.009 (0.010)	0.001 (0.005)
L. bond	0.140 *** (0.013)	0.028 (0.019)
L. unemploy	0.018 * (0.009)	− 0.005 (0.016)
L. d. industrial	0.140 *** (0.013)	− 0.107 (0.159)

续表

解释变量	被解释变量 $T.^h(G)$	
	（1）	（2）
	混合截面 OLS 估计	综合处理
develop	0.522*** （0.079）	—
是否控制时间趋势变量	是	是
是否控制个体虚拟变量	否	是
常数项	−17.950** （7.937）	15.850*** （3.740）

由表 6.5 可知，在经济政策不确定性波动与对外贸易的平均水平上，经济政策不确定性程度对溢出效应的影响约为 0.003[①]，即经济政策不确定性水平值增加 1%，将导致溢出效应增加 0.003%。在经济政策不确定性程度与对外贸易的平均水平上，经济政策不确定性波动对溢出效应的影响约为 0.389[②]，即经济政策不确定波动值增加 1 个单位，溢出效应将增加 0.389。由此可见，经济政策不确定性波动值对溢出效应的影响远高于水平值，经济政策不确定性主要体现为波动溢出效应。在经济政策不确定性程度及其波动的平均水平上，对外贸易对溢出效应的影响约为 −0.080[③]，与预期不符，这可能是因为对外贸易数据是总额数据，没有具体到样本国之间的双边贸易数据[④]，这是本书的不足之处，也是将来需进一步改进的地方。汇率波动的估计系数为 0.0003，符号与预期一致，但未通过显著性水平检验，这可能是因为汇率波动只体现了大小的

[①] 计算过程为 $\gamma_4 + \gamma_6 \times c_2 + \gamma_7 \times c_3 = -2.906 + 0.129 \times 0.330 + 0.114 \times 25.145 \approx 0.003$，$c_1$、$c_2$、$c_3$ 分别为经济政策不确定性水平值（lnepu）、波动值（volepu）、对外贸易（lntrade）的样本均值。

[②] 计算过程为 $\gamma_5 + \gamma_6 \times c_1 + \gamma_8 \times c_3 = -1.6580 + 0.1290 \times 4.759 + 0.057 \times 25.145 \approx 0.389$。

[③] 计算过程为 $\gamma_2 + \gamma_7 \times c_1 + \gamma_8 \times c_2 = -0.641 + 0.114 \times 4.759 + 0.057 \times 0.330 \approx -0.080$。

[④] 囿于数据的可获得性，暂时没有样本国之间的双边贸易月度数据。

变化，而没有捕捉波动方向方面的变化特征。经济发达水平在混合截面OLS估计模型中均为正且通过1%显著性水平检验，但由于样本期间该变量不随时间变化，在固定效应模型中无法得到该变量的估计系数。

根据上述分析，经济政策不确定性程度及其波动等因素确实对经济政策不确定性溢出效应产生了影响，那么它们对于溢出效应值位于不同分位点的经济体，其影响是否存在异质性？为此，接下来将进一步使用分位数回归进行分析。分位数回归最早由康克和巴塞特（Koenker & Bassett, 1978）提出，使用残差绝对值的加权平均作为最小化的目标函数，得到的估计系数代表自变量对因变量在指定分位点上的偏效应。该方法可以用于分析在不同经济政策不确定溢出效应水平上，各因素对其影响效应的变化趋势。

表6.6报告了0.25、0.5和0.75三个分位点的回归结果。根据估计结果可知，随着分位数的增加，对外贸易、经济政策不确定性水平值、波动值及交互项的估计系数的绝对值逐渐变大。经计算[1]，在其他两个变量的均值水平上[2]，对外贸易、经济政策不确定性程度、经济政策不确定性波动在0.25分位点上的估计系数分别为0.001、−0.013、−0.004，在0.5分位点上的估计系数分别为0.003、−0.004、0.008，在0.75分位点上的估计系数分别为−0.057、−0.022、0.004，且均通过了联合显著性检验。由此可知，随着分位点的增加，对经济政策不确定性溢出效应起促进作用的因素随之变化，在低分位点上发挥主要作用的是对外贸易，在中间分位点上起核心作用的是对外贸易与经济政策不确定性波动，在高分位点上起主要作用的是经济政策不确定性波动。由此看来，经济政策不确定性溢出效应主要体现为波动溢出形式，与面板固定效应估计结果所得到的结论一致。汇率波动的估计系数在低分位点和高分位点上均为负，在中间分位点上为正，且未通过显著性水平检验，这可能是因为汇率波动只体现了大小的变化，而没有捕捉波动方向方面的变化特征。

---

① 计算过程与前文类似。
② 对外贸易、经济政策不确定性水平值、经济政策不确定性波动值当中的两个变量。

经济发达水平估计系数的绝对值呈渐增趋势且为负，与预期不完全一致。这可能是因为采用了虚拟变量来衡量经济发达水平，而没有采用更加细致的人均 GDP 月度数据，此乃本书的不足之处，是未来进一步改进的方向。

表 6.6　　　　　　　　　分位数回归估计结果

解释变量	被解释变量 T.^{h}(G)		
	QR25	QR50	QR75
L. lntrade	− 0. 107 （0. 088）	− 0. 279 *** （0. 104）	− 0. 313 （0. 225）
L. lnepu	− 0. 789 * （0. 466）	− 1. 747 *** （0. 572）	− 1. 960 * （1. 120）
L. volepu	1. 514 （1. 966）	2. 369 （2. 733）	5. 781 （5. 221）
L. (lnepu × volepu）	0. 156 *** （0. 048）	0. 138 ** （0. 056）	0. 280 *** （0. 105）
L. (lnepu × lntrade）	0. 029 （0. 019）	0. 068 *** （0. 023）	0. 073 （0. 045）
L. (volepu × lntrade）	− 0. 090 （0. 078）	− 0. 120 （0. 112）	− 0. 283 （0. 209）
L. vexchange	− 0. 001 （0. 001）	0. 000 （0. 002）	− 0. 000 （0. 005）
L. d. cpi	0. 000 （0. 003）	− 0. 003 （0. 003）	− 0. 006 （0. 005）
L. bond	0. 008 * （0. 004）	0. 011 * （0. 006）	0. 017 * （0. 010）
L. unemploy	− 0. 002 （0. 003）	− 0. 005 （0. 004）	− 0. 002 （0. 008）
L. d. industrial	0. 002 （0. 046）	0. 024 （0. 082）	− 0. 049 （0. 211）
develop	− 0. 439 *** （0. 067）	− 0. 568 *** （0. 099）	− 1. 092 *** （0. 174）

续表

解释变量	被解释变量 T.[h](G)		
	QR25	QR50	QR75
是否控制时间趋势变量	是	是	是
是否控制个体虚拟变量	是	是	是
常数项	3.610* (2.167)	7.879*** (2.560)	9.503* (5.503)

6.3.4 稳健性检验

本小节将采用两种方式进行稳健性探讨，一种是调整样本规模，将样本缩减为 2008 年 1 月 ~2015 年 12 月，另一种是改变数据频率，将月度数据调整为季度数据。调整样本数据后，对固定面板效应模型均进行同时考虑异方差、序列相关和截面相关的异方差和自相关一致协方差估计，具体估计结果如表 6.7 所示。调整样本规模后，在其他两个变量的均值水平上，经济政策不确定性水平值、波动值、对外贸易对溢出效应的偏效应分别为 0.028、0.354、-0.050，调整数据频率后，各自的偏效应分别为 0.002、0.461、-0.024，汇率波动的估计系数为正，与预期一致，得到了与上文一致的结论。

表 6.7 稳健性检验估计结果

解释变量	(1)	(2)	(3)
	全样本	调整样本规模	调整数据频率
L. lntrade	-0.641*** (0.158)	-0.394* (0.223)	-0.672** (0.269)
L. lnepu	-2.906*** (0.843)	-1.714* (0.993)	-3.670*** (1.241)
L. volepu	-1.658 (4.875)	-1.085 (5.044)	5.000 (7.523)

续表

解释变量	（1）	（2）	（3）
	全样本	调整样本规模	调整数据频率
L.（lnepu × volepu）	0.129 （0.193）	0.037 （0.080）	−0.103 （0.099）
L.（lnepu × lntrade）	0.114 *** （0.034）	0.069 * （0.040）	0.147 *** （0.051）
L.（volepu × lntrade）	0.057 （0.200）	0.050 （0.198）	−0.161 （0.296）
L. vexchange	0.000 （0.005）	0.003 （0.005）	0.001 （0.008）
L. d. cpi	0.001 （0.005）	−0.003 （0.004）	−0.002 （0.003）
L. bond	0.028 （0.019）	0.033 * （0.017）	0.020 （0.026）
L. unemploy	−0.005 （0.016）	−0.044 ** （0.018）	−0.015 （0.025）
L. d. industrial	−0.107 （0.159）	0.058 （0.162）	−0.260 （0.355）
develop	—	—	—
是否控制时间趋势变量	是	是	是
常数项	15.850 *** （3.740）	10.052 * （5.427）	16.439 ** （6.581）
样本量	1834	1330	602
组数	14	14	14

6.4　美国经济政策不确定性影响他国
经济周期波动的实证分析

根据前文经济政策不确定性溢出效应测度结果可知，美国的溢出效应最大，对一些国家的影响甚至超过来自它们自身的经济政策不确定性。为了更好地剖析经济政策不确定性影响经济周期波动的国际传导，将聚焦于美国经济政策不确定性，并进一步采用全球向量自回归模型（GVAR）实证论证它对其他国家经济周期波动的影响，为抵御外来不确定性风险的侵入提供经验依据。

6.4.1　GVAR 模型介绍

GVAR 模型被广泛应用于全球宏观经济领域，用来分析多国之间或多区域之间的经济联系。它的优势在于可以将时间序列数据、面板数据、因子分析技术等囊括到一个统一的系统框架下进行定量分析，并可根据需要灵活缩小或拓展模型。一般而言，应用 GVAR 模型的步骤主要有三个：一是建立 VARX* 模型，确定国内变量、国外变量和全球外生变量；二是模型优化与检验，包含单位根检验、协整检验、滞后阶数的选择、弱外生性检验等；三是模型估计与动态分析，包含广义预测误差方差分解、脉冲响应分析等。GVAR 模型中国与国之间的联系主要通过三个途径实现：一是国外变量通过其当期值和滞后项影响国内内生变量；二是石油价格、黄金价格、大宗商品价格等全球外生变量会共同作用于国内变量和国外变量；三是各国受到的当期冲击会互相影响，且在误差协方差矩阵中予以体现（Pesaran et al.，2007）。

假设我们考虑一个包含 $N+1$ 个国家的 GVAR 模型，其中，第 0 个国家为参照国家，则 VARX*（L1，L2，L3）模型可写为：

$$X_{it} = \partial_{i0} + \partial_{i1}t + \sum_{j=1}^{L1} \Theta_{ij}X_{i,t-j} + \sum_{j=0}^{L2} \Gamma_{ij}X_{i,t-j}^* + \sum_{j=0}^{L3} \Phi_{ij}G_{t-j} + \xi_{it}$$

（6.13）

式（6.13）中，i 代表国家，t 代表时间，L1、L2、L3 分别为国内变量、国外变量和全球变量的滞后阶数，X_{it} 为 k_i 维国内变量向量，X_{it}^* 为 k_i^* 维国外变量向量，G_{t-j} 为 k^G 维全球变量向量，Θ_{ij} 为 $k_i \times k_i$ 维国内变量系数矩阵，Γ_{ij} 为 $k_i \times k_i^*$ 维国外变量系数矩阵，Φ_{ij} 为 $k_i \times k^G$ 维全球变量系数矩阵，ξ_{it} 为 k_i 维误差干扰项，代表各国的异质性冲击，且不存在序列相关，$\xi_{it} \sim i.i.d.(0, \sum_{ii})$。国外变量 X_{it}^* 是基于权重计算而得，常用的权重有金融权重和贸易权重，均有固定权重和时变权重两种形式。为了简明呈现国外变量的构造过程，采用固定权重形式，则其计算公式可写为：

$$X_{it}^* = \sum_{j=0}^{N} \omega_{ij} X_{jt}, \text{ 且 } \omega_{ii} = 0, \sum_{j=0}^{N} \omega_{ij} = 1 ①$$

为了更简洁直观地呈现模型推导过程，以 VARX(1, 1, 1) 为例，则式（6.13）可写为：

$$X_{it} = \partial_{i0} + \partial_{i1} t + \Theta_{i1} X_{i,t-1} + \Gamma_{i0} X_{it}^* + \Gamma_{i1} X_{i,t-1}^* + \Phi_{i0} G_t + \Phi_{i1} G_{t-1} + \xi_{it}$$

$$(6.14)$$

将式（6.14）中的 X_{it} 和 X_{it}^* 合并，则可得到一个（$k_i + k_i^*$）$\times 1$ 的新向量 Y_{it}，即：

$$Y_{it} = \begin{pmatrix} X_{it} \\ X_{it}^* \end{pmatrix} \qquad (6.15)$$

将式（6.15）代入式（6.14）中，可得：

$$A_i Y_{it} = \partial_{i0} + \partial_{i1} t + B_i Y_{i,t-1} + \Phi_{i0} G_t + \Phi_{i1} G_{t-1} + \xi_{it} \qquad (6.16)$$

式（6.16）中 $A_i = (I, -\Gamma_{i0})$，$B_i = (\Theta_{i1}, \Gamma_{i1})$，二者均为 $k_i \times$（$k_i + k_i^*$）维矩阵。由于 X_{it}^* 中的变量为其他国家对应变量的加权平均，则 Y_{it} 可写为：

$$Y_{it} = W_i X_t \qquad (6.17)$$

式（6.17）中 $X_t = (X_{0t}', X_{1t}', \cdots, X_{Nt}')'$，是 $k \times 1$ 维向量，$k = \sum_{i=0}^{N} k_i$，W_i 是（$k_i + k_i^*$）$\times k_i$ 权重矩阵，可作为连接矩阵，将各国 VARX* 模型连接起来，构成一个统一的 GVAR 模型。

———————

① 贸易权重或金融权重 ω_{ij} 由第 j 个国家对第 i 个国家的对外贸易总额或外商直接投资总额占第 i 个国家的对外贸易总额或外商直接投资总额的比重决定。

将式（6.17）代入式（6.16）中可得：

$$A_i W_i X_t = \partial_{i0} + \partial_{i1} t + B_i W_i X_{t-1} + \Phi_{i0} G_t + \Phi_{i1} G_{t-1} + \xi_{it} \qquad (6.18)$$

进一步整理，可将式（6.18）写为：

$$Z_0 X_t = \partial_0 + \partial_1 t + Z_1 X_{t-1} + \Phi_{i0} G_t + \Phi_{i1} G_{t-1} + \xi_t \qquad (6.19)$$

式（6.19）中 $Z_0 = A_i W_i$，$Z_1 = B_i W_i$，二者均为 $k_i \times k$ 的矩阵，进一步整理后的 GVAR 模型可写为：

$$X_t = Z_0^{-1} \partial_0 + Z_0^{-1} \partial_1 t + Z_0^{-1} Z_1 X_{t-1} + Z_0^{-1} \Phi_{i0} G_t + Z_0^{-1} \Phi_{i1} G_{t-1} + Z_0^{-1} \xi_t$$

$$(6.20)$$

将式（6.20）进一步简化，则约简化的标准 GVAR 模型可写为：

$$X_t = z_0 + z_1 t + \Lambda X_{t-1} + z_3 G_t + z_4 G_{t-1} + \xi_t \qquad (6.21)$$

我们可以利用式（6.21）对系统中的内生变量进行相应的点预测。在运用 GVAR 模型进行估计时，各国的 VARX* 模型是分别估计的，而不是在 GVAR 模型中同时估计，可有效避免因 GVAR 模型估计系数太多，自由度损失较大而无法估计的问题。

6.4.2　变量描述

本小节主要使用史密斯和加莱西（Smith & Galesi，2014）提供的 GVAR Toolbox 2.0 作为计量分析工具，以世界主要经济体为研究样本，样本中包含美国、日本、英国、澳大利亚、法国、德国、比利时、芬兰、挪威、奥地利、意大利、荷兰、新西兰、西班牙、瑞士、瑞典、中国、南非、俄罗斯、印度、巴西、阿根廷、加拿大、智利、韩国、墨西哥、菲律宾、印度尼西亚、土耳其、马来西亚、新加坡、泰国、秘鲁、沙特阿拉伯共 34 个国家，其中将法国、奥地利、德国、意大利、比利时、西班牙、荷兰、芬兰、瑞典设定为一个区域（euro），采用 1992 年第 1 季度至 2016 年第 4 季度的季度数据进行分析。

国内变量主要包含经济周期波动、CPI 增长率、MSCI 股价指数、短期利率、长期利率、实际汇率。全球变量主要包括国际石油价格、美国经济政策不确定性、国际金属价格。国外变量基于贸易权重而构建，贸易权重根据1992～2016年对外贸易总额平均值计算而得，采用固定权重形式。

美国经济政策不确定性由EPU指数来衡量程度，由于该指数为月度数据，通过计算相应季度内的月度平均值得到季度数据。EPU值数值比较大，均取其自然对数形式，原始数据来源于经济政策不确定性指数网站。

经济周期波动通过对季度GDP同比增长率进行HP滤波，去除趋势成分，提取周期性成分，作为其代理变量。采取同比增长率的原因在于可以消除季节成分，更真实地反映经济周期波动。中国GDP增长率季度数据来源于国泰安数据库，阿根廷GDP增长率季度数据来源于阿根廷地理暨普查局数据，沙特阿拉伯GDP增长率数据来源于沙特阿拉伯中央统计局数据，其他国家GDP增长率季度数据来源于FRED数据库。

短期利率以银行三月期利率来衡量，长期利率以10年期国库券收益率来衡量，中国十年期国库券收益率月度数据来自英为财情网，季度数据来自该季包含的最后一个月的数据，比如，2003年1季度数据取自2003年3月的数据，其他国家的原始数据均来自FRED数据库。缺省数据由插值外推法补齐。

MSCI股价指数数据来自Wind数据库，CPI原始数据来自国际货币基金组织IFS数据库，CPI增长率数据通过对CPI原始数据进行一阶差分而得，国际石油价格和金属价格数据通过对国际货币基金组织相应的主要商品价格（Primary Commodity Prices）月度数据进行季度平均而得到。

6.4.3 其他国家对美国经济政策不确定性冲击的脉冲响应分析

美国经济政策不确定性存在明显的全球溢出效应，对其他国家存在或多或少的影响。接下来将对美国经济政策不确定性给予一个标准差的正向冲击，通过广义脉冲响应函数深入剖析它对其他国家经济周期波动的动态影响，并比较对不同国家的影响差异。

6.4.3.1 主要发达国家（地区）对美国经济政策不确定性冲击的响应

图 6.4 为英国、澳大利亚、瑞士、加拿大、日本、欧盟地区（euro）等主要发达国家（地区）对美国经济政策不确定性冲击的响应。在 1 个标准差的美国经济政策不确定性正向冲击下，英国经济周期波动出现较大幅度的负向响应，在第 5 季度达到最低值 -0.136%，之后趋于平稳。日本经济周期波动响应迅速，在第 2 季度就出现一个深邃的波谷，值为 -0.273%，第 3 ~ 6 季度轻微回调，随后收敛至 -0.2% 左右。无论是从响应时间，还是从响应幅度来看，加拿大与英国的响应情形较为相似，加拿大在第 7 季度出现负向响应谷值，为 -0.132%，随后收敛至 -0.123% 附近。欧盟地区的响应幅度仅次于日本，前 5 季度出现较大程度下挫，随后变化微弱，于第 14 季度出现最大幅度负向响应 -0.175%，最后收敛至 -0.172%。瑞士的响应图形与欧盟地区的较为接近，在第 20 季度出现最大幅度负向响应 -0.168%，随后波动较为微弱，收敛至 -0.166%。澳大利亚的响应幅度最小，在第 4 季度出现谷值 -0.078%，最后收敛至 -0.075%。

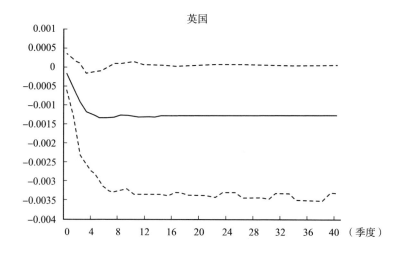

英国

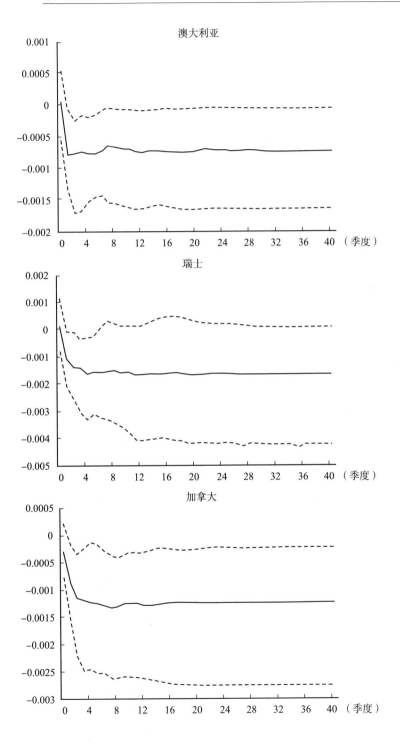

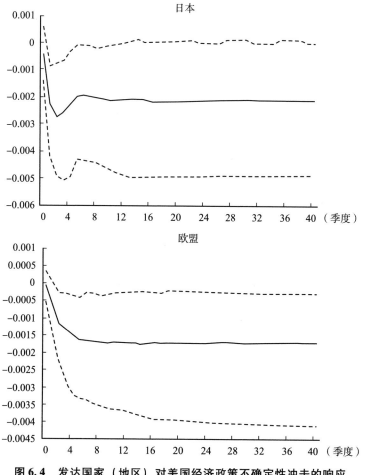

图6.4 发达国家（地区）对美国经济政策不确定性冲击的响应

本小节广义脉冲响应函数图中，Bootstrap 模拟下 90% 水平下的置信区间由虚线表示，变量对冲击的脉冲响应由黑实线表示。

比较而言，主要发达国家（地区）对美国经济政策不确定性冲击的响应幅度存在 3 个明显的区间，分别是（−1%，−0.2%）、（−0.2%，−0.1%）、（−0.1%，0），日本属于第 1 个区间，欧盟地区、瑞士、英国和加拿大属于第 2 区间，澳大利亚属于第 3 个区间。从响应速度来看，主要发达国家（地区）均响应较快，在第 2~5 季度均出现较大程度负向波动。从到达谷值响应时间来看，各国（地区）之间存在显著差异，

4 季度内（1 年内）达到谷值的为日本和澳大利亚，8 季度内（2 年内）达到谷值的为英国和加拿大，12 季度以上（3 年以上）达到谷值的为欧盟地区和瑞士。主要发达国家（地区）对美国经济政策不确定性冲击的响应存在明显差异的原因，可能与各自内部的经济结构特点、制度体系以及与美国的双边贸易类型等方面相关。

整体而言，主要发达国家（地区）对美国经济政策不确定性正向冲击呈现较为明显的负向响应，其中日本的响应最大，欧盟次之，澳大利亚最小。从持续时间来看，受到正向冲击后，美国经济政策不确定性对主要发达国家（地区）存在较为持久的负向影响，即存在长期的消极影响。这说明当美国经济政策不确定性增加幅度较大时，存在明显的溢出效应，极容易波及其他主要发达国家，致使其经济活动向下波动，呈现明显的负向经济周期波动，且难以恢复至正常水平，得到了与法伊格尔鲍姆等（2017）一致的结论。值得注意的是，除了日本出现一定程度回调外，其他国家（地区）均收敛至负向响应最大值附近，这说明短期冲击极有可能导致经济持久衰退。综合来看，主要发达国家（地区）对美国经济政策不确定性冲击的脉冲响应图形特征完全符合法伊格尔鲍姆等（2017）对内生经济不确定性与经济周期理论模型的阐述，经济政策不确定性影响经济周期波动的国际传导极有可能是通过消息和信任传导机制而实现的。

6.4.3.2　金砖国家对美国经济政策不确定性冲击的响应

图 6.5 为金砖国家（巴西、俄罗斯、印度、中国、南非）经济周期波动对美国经济政策不确定性冲击的响应。在 1 个标准差的美国经济政策不确定性正向冲击下，巴西响应迅速，在第 1 季度即达到负向响应最大值 -0.214%，随后出现小幅波动，最后收敛至 -0.18% 附近。俄罗斯的响应幅度最大，约为 -0.42%，第 0～12 季度出现较大幅度波动，随后趋于平稳，收敛至 -0.2%。印度、南非和巴西的响应图象较为相似。印度在第 0～2 季度内出现较大程度下挫，第 2～16 季度内出现明显的周期性波动，于第 11 季度出现最大谷值 -0.277%，仅次于俄罗斯，最后

收敛至 - 0.27%附近。南非的脉冲响应函数曲线较为光滑，于第 5 季度达到负向响应最大值 - 0.195%，从第 6 季度开始有所回升，最后收敛至与巴西相同水平 - 0.18%。中国的脉冲响应图形特征与其他 4 个国家截然不同，其在第 0 季度出现 0.08% 的正向响应，随后急转直下，第 2 季度转正为负，16 季度内出现较为显著的周期性波动，在第 5 季度出现负向响应最值 - 0.05%，最后收敛至 - 0.02%。这很有可能与我国目前的经济体制、汇率制度、产业结构特征等有关，有效化解了美国经济政策不确定性对我们的负面冲击。

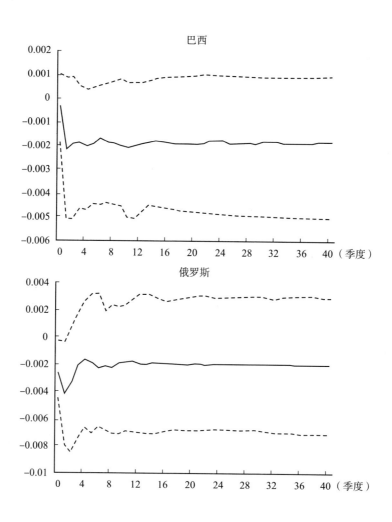

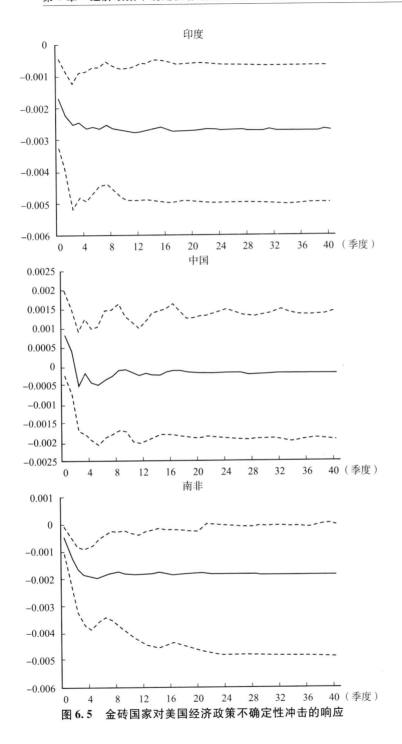

图 6.5　金砖国家对美国经济政策不确定性冲击的响应

综合来看，金砖国家的经济周期波动对美国经济政策不确定性冲击的响应速度明显快于发达国家（地区），到达谷值耗费的时间平均约为 4.8 个季度，主要发达国家（地区）平均约为 8.67 个季度，二者之间相差约 1 倍。从波动形态来看，金砖国家的周期性波动较为明显，主要发达国家（地区）的响应图形较为光滑平坦，这说明前者可能存在更多的短期投机行为，波动更为剧烈。从最大响应幅度来看，金砖国家平均约为 −0.231%，主要发达国家（地区）平均约为 −0.16%，前者处于第 1 个区间（−1%，−0.2%），后者处于第 2 个区间（−0.2%，−0.1%），二者存在较大差异。从收敛水平来看，金砖国家平均约为 −0.17%，主要发达国家（地区）平均约为 −0.144%，前者的收敛水平甚至高于后者的平均最大响应幅度。由此可知，面临美国经济政策不确定性冲击时，金砖国家的反应要比主要发达国家（地区）更为敏感，这从侧面反映出前者面对冲击时的抗风险能力整体上不如后者。

整体而言，金砖国家的经济周期波动对美国经济政策不确定性正向冲击主要呈现负向响应，即美国经济政策不确定性的大幅增加，确实会导致金砖国家经济下行，呈现负向经济周期波动。值得关注的是，这种影响很有可能是长期的，因为受到经济政策不确定性的正向冲击后，经济周期波动并没有恢复到原有水平，而是收敛到负向波动范围内。

6.4.3.3 新钻国家对美国经济政策不确定性冲击的响应

图 6.6 为新钻国家（主要包含韩国、墨西哥、菲律宾、印度尼西亚、土耳其）经济周期波动对美国经济政策不确定性冲击的响应。在 1 个标准差的美国经济政策不确定性正向冲击下，韩国响应迅速，在第 2 季度即到达负向响应最值，约为 −0.333%，第 2～16 季度出现小幅周期性波动，最后收敛至 −0.3%。墨西哥呈波动式下滑状态，曲线较

为平坦，第 5 季度达到谷值 - 0.217%，随后收敛至 - 0.2%，收敛值与谷值较为接近。菲律宾的响应速度较快，而响应幅度较小，负向最大响应值为 - 0.067%，响应较为微弱。韩国、墨西哥和菲律宾响应的共同特点是，反应迅速，收敛水平靠近最大谷值。土耳其的响应特征与前面 3 个国家截然不同，第 0 季度出现正向响应，约为 0.175%，随后迅速下坠，第 1 季度出现最大谷值，约为 - 0.53%，图形坡度陡峭，第 2 ~ 9 季度出现周期性波动，最后收敛至 - 0.35% 附近。印度尼西亚的脉冲响应图像不同于上述任何一个国家，响应速度较为缓慢，呈现驼峰形状，第 0 ~ 3 季度呈现微弱的负向响应，随后转负为正，第 10 季度出现正向响应峰值，约为 0.133%，然后迅速衰减，最后收敛至 0.05%，接近于 0。由此可见，美国经济政策不确定性冲击对新钻国家经济周期波动主要体现为长期的负向影响，对印度尼西亚存在短期的正向影响，对菲律宾的影响近乎 0。该影响之所以存在明显差异，可能是因为新钻国家与美国经济往来紧密程度及其具体国情存在鲜明差异。

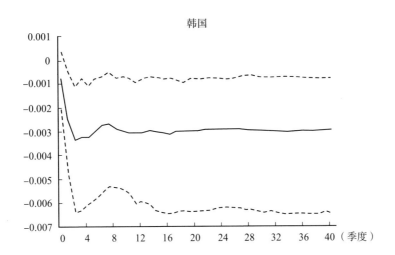

韩国

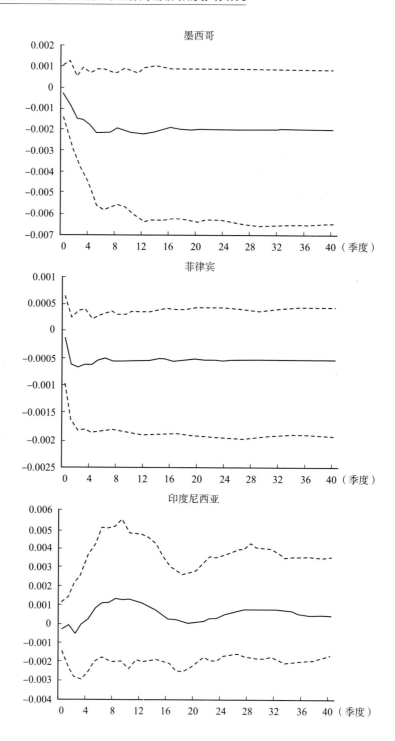

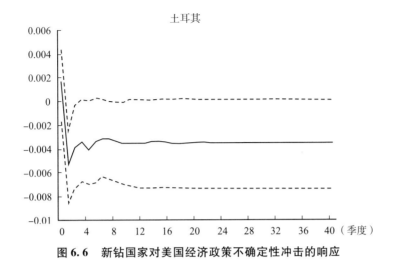

图6.6　新钻国家对美国经济政策不确定性冲击的响应

综合比较而言，新钻国家到达最大响应幅度的平均速度最快，约为4季度，领先金砖国家0.8个季度。若将印度尼西亚排除在外，新钻国家负向最大响应幅度平均约为 – 0.287%，收敛平均值约为 – 0.225%，皆位居首位。值得关注的是，印度尼西亚的经济周期波动对美国经济政策不确定性正向冲击的反应较为迟缓，第0～5季度的波动较为微弱，几乎保持原有水平不变，从第6季度开始出现明显的正向响应，且持续时间较短，仅持续了7个季度，随后迅速收敛至原有水平，趋于平稳。由此可知，经济政策不确定性冲击并不全是不好的，很有可能通过 Hartman – Abel 效应传导机制和增长期权传导机制对他国的宏观经济运行产生积极影响，印度尼西亚的脉冲响应结果恰好对此提供了经验支撑。只是经济政策不确定性对经济周期波动的正向影响可能存在明显时滞，短期内难以发挥作用，持续时间也远没有负向影响长。这说明经济政策不确定性影响经济周期波动的国际传导主要体现为消极影响，且这种消极影响一旦产生，经济运行将陷入泥沼，难以恢复至原有水平，与法伊格尔鲍姆等（2017）所说的"不确定性陷阱"不谋而合。

长期来看，美国经济政策不确定性冲击对新钻国家经济周期波动主要表现为负向影响，且该影响持续时间较长。整体而言，新钻国家的脉冲响应图像，无论是从响应的方向，还是从响应的幅度和响应速度来看，其内部的个体差异均较为明显。美国对韩国和墨西哥的经济政策不确定性溢出效应较大，相应地，韩国和墨西哥经济周期波动对美国经济政策不确定性正向冲击的响应也较为强烈，二者均处于（－1%，－0.2%）这一区间。土耳其经济周期波动的负向响应幅度位居样本国家（地区）之首，这极有可能是该国推行"大跃进"式发展，国内通胀压力较大，当面对外部不利冲击时，抗击不确定性，抵御风险的能力较弱，从而更容易跌入经济向下运行的漩涡。由此可见，当国际局势较为动荡，世界面临较大不确定性冲击时，增强经济系统稳定程度显得尤为重要。

通过 GVAR 模型分析可知，经济政策不确定性影响经济周期波动的国际传导主要体现为长期的消极影响，金砖国家和新钻国家等发展中国家对美国经济政策不确定性正向冲击的响应幅度明显大于发达国家（地区），响应速度也更快。这说明发展中国家的抗风险能力整体上不如发达国家（地区），受到不确定性冲击之后，前者更容易陷入"不确定性陷阱"，导致经济持续下行。如果将溢出效应测算结果与对美国经济政策不确定性冲击的脉冲响应结果结合来看，不难发现，美国经济政策不确定性对一国的溢出效应越大，其对该国经济周期波动的影响程度越深。由此可见，经济政策不确定性的波动溢出效应，进一步加深了其对其他国家经济运行的消极影响，加剧了他国经济周期的负向波动。

6.5　本章小结

借鉴迪博尔德和伊尔马兹（2012）广义预测误差方差分解思想，利用世界主要经济体 2003 年 1 月 ~ 2017 年 5 月的数据，测度了美国、英国、中国、日本等 14 个国家的经济政策不确定性溢出效应。为了进一步探讨经济政策不确定性溢出效应形成机理，本章结合溢出效应的特征，提出了其主要影响因素的相关假设，利用 14 个主要经济体 2006 年 1 月至 2016 年 12 月的月度面板数据，采用面板固定效应模型进行实证验证。根据溢出效应测度结果大小，选择溢出效应最大的国家作为追踪对象，利用 GVAR 模型实证分析了经济政策不确定性影响经济周期波动的国际传导。本章的主要发现有以下几点。

第一，从溢出效应测算结果来看，美国对其他成员的溢出效应最大，中国对其他成员的溢出效应高于来自其他成员的溢出效应。这说明，随着我国综合实力的逐步提升，对其他成员的溢出效应相应增加，抗风险能力逐渐增强。整体而言，经济政策不确定性溢出效应呈现出明显的时变性，发达国家的经济政策不确定性溢出效应明显强于发展中国家，经济政策不确定性溢出效应可能对突发的大事件较为敏感，而对于可预期的世界大事则较为迟钝。

第二，从面板固定效应估计结果来看，经济政策不确定性程度及其波动对溢出效应的偏效应均为正，且波动值的估计系数远高于水平值，这说明经济政策不确定性波动对溢出效应的形成起主要作用。2008 年全球金融危机期间，经济政策不确定性波动剧烈，总体溢出指数连攀高峰，远超历史水平。

第三，从分位数回归估计结果来看，随着分位数的增加，对外贸易、经济政策不确定性水平值、波动值及交互项的估计系数的绝对值逐渐变大，对经济政策不确定性溢出效应起促进作用的因素随之变化，经济政策不确定性溢出效应主要体现为波动溢出形式。

第四，从 GVAR 模型分析结果来看，世界主要经济体的经济周期波动对经济政策不确定性冲击主要体现为长期的负向响应，个别国家产生明显的正向响应，但持续时间较为短暂。经济政策不确定性的消极影响更迅疾，而积极影响存在明显的时滞效应。与主要发达国家（地区）相比，金砖国家和新钻国家等发展中国家对美国经济政策不确定性冲击的响应速度更快，响应幅度更大，波动程度也更剧烈。

根据上述实证分析结果可知，对外贸易、经济政策不确定性程度及波动等因素确实对溢出效应的形成产生了影响。溢出效应的形成进一步加剧了经济政策不确定性冲击对他国经济周期波动的负面影响。当今经济社会讯息发达，有关全球各国的资讯基本可以实现朝发朝至。电子通信科技的日新月异，给世界各国发展带来机遇的同时，也提出了更为严峻的挑战。利好的消息可以传递给其他国家，不利的消息同样可以破国门而入，这为经济政策不确定性溢出污染其他国家提供了引流作用。为了更好隔断其他国家经济政策不确定性的传染，我国要充分发展实体经济，完善相关体制机制，寻找推动经济增长的内生动力，提升自身"造血"功能，而不是依赖外界"输血"维持运转，增强抵抗外部风险冲击的免疫力，保持经济系统内部的稳定性。

第7章 经济政策不确定性差异影响经济周期协同的实证分析[①]

第5章和第6章从经济政策不确定性的水平值和波动值的角度，探讨了其对国内外经济周期波动的影响，并进一步从发达水平、所处经济周期阶段、表现形式等多个角度剖析了该影响的异质性特征。经济周期协同作为经济周期的主要特征之一，是否受到国与国之间的经济政策不确定性差异的影响，影响程度有多深？该影响的传导机理是怎样的？发达国家之间、发展中国家之间、发达国家与发展中国家之间是否存在明显差异？对这些问题的追问与探索，有利于国际货币政策的有效实施，进一步打破双边贸易壁垒，减少交易成本，推动世界经济的共同发展，从而为我们寻求世界经济复苏良方，共同应对经济危机提供经验支撑。接下来，本章将细致剖析经济政策不确定性差异影响经济周期协同的传导机理，并采用联立方程模型进行相应的实证论证。

7.1 引　　言

自 2008 年以来，美国金融危机席卷全球，欧盟和日本等世界主要金融市场深受其害，各自的经济均出现一定程度的衰退，新兴市场的经济

---

① 本章根据《经济政策不确定性差异对经济周期协同的影响研究》（刊于《中国软科学》2017 年第 8 期）整理而成。

增长逐渐放缓。2016 年，英国脱欧、美国大选等政治大事件的频频出现，出于政治或经济目的，各国之间进行或明或暗的利益博弈，这将明显提升经济政策不确定性程度。然而，货币政策的有效实施，需要各国经济波动在时间、方向与幅度上并无明显差异，即经济周期协同是共同实施一项货币政策的重要先决条件（Antonakakis & Tondl，2014）。联盟、集团和共同体等联合组织，要实现"相互合作，互利共赢"的局面，需深入研究组织中各成员国之间的经济周期协同情况，并致力于推动成员国之间的经济周期协同，确保经济政策实施的有效性，真正意义上打破双边贸易壁垒，促进公平竞争，实现共同发展。随着国家开放程度不断加深和经济全球化趋势逐渐增强，经济政策不确定性差异对 FDI、对外贸易、汇率、债券市场等产生了一定影响，这将在一定程度上影响国际经济周期协同。

由贝克、布鲁姆和戴维斯三位学者定量化之后，经济政策不确定性逐渐成为宏观经济领域研究的热点问题。然而，从经济政策不确定性这一视角来研究经济周期协同的文献相对较少，本章试图探析二者之间的关系，寻找推动国际经济周期协同的新的突破口。伊姆斯（Imbs，2004）考察了贸易、金融及专业化对经济周期协同的影响，发现金融开放和贸易对经济周期协同具有直接和间接影响。安东纳卡基斯和通德尔（Antonakakis & Tondl，2014）研究了欧盟地区经济政策协调和一体化对经济周期协同的影响，他们认为贸易和外商直接投资对经济周期协同具有显著正向影响，且市场寻求型外商直接投资和垂直型外商直接投资影响经济周期协同的传导渠道不同。刘德学和陈定（2015）从政府干预能力差异的角度，考察了中国与主要贸易伙伴之间的经济周期协同情况，结果表明政府干预能力差异对经济周期协同的综合影响为负效应。

综上所述，现有文献关于经济政策不确定性的研究主要围绕债券价格、投资、经济增长等而展开，侧重点在于研究其对一国国内经济活动的影响。然而，经济政策不确定性同时受到国内冲击与国际冲击两方面的影响，研究经济政策不确定性对国与国之间的双边经济活动的影响更有意义。关于经济周期协同的研究主要从贸易、金融、产业结构、FDI等视角切入，寻找促进经济周期协同的积极影响因素，而关于抑制经济周期协同的消极影响因素的相关研究则较少。不确定性是导致经济波动的影响因素之一，政策不确定性冲击的迅速蔓延，加剧了经济政策不确定性对各国经济活动的影响，从而影响国际经济周期协同。因此，接下来将利用跨国面板数据，探析经济政策不确定性差异如何通过对外贸易和对外投资这两条途径影响经济周期协同。

7.2　经济政策不确定性差异影响经济周期协同的传导机制分析

经济政策不确定性的变化会引起经济行为主体预期的变化，形成实物期权效应、预防性储蓄效应、风险溢价效应等，从而导致国家之间投资、就业、贸易、消费、产出等的相对变化，最终影响国家之间的经济周期协同。根据已有研究结果以及宏观经济学理论知识，本章将从投资、贸易两个方面剖析经济政策不确定性差异对国际经济周期协同的影响。

7.2.1　投资传导机制

根据凯恩斯经济理论，投资量的大小取决于资本边际收益率与利率二者之间的关系，当资本边际收益率明显高于利率时，投资量增加，反之则减少。而资本边际收益率则取决于资本资产的供给价格与未来收益的关系。当经济政策不确定性增加时，经济行为主体对未来发展的信心锐减，对未来收益的期望下降，预期资本收益率下降，从而减少投资量。假设有甲、乙两国，甲的经济政策不确定性高，乙的经济政策不确定性低，即两国之间的经济政策不确定性差异较大，经济行为主体预期在甲国投资的边际收益率下降从而减少对甲国的投资（含国内投资和外商直接投资），并增加对预期资本边际收益率高的乙国的投资，从而导致甲的产出收缩，乙的产出扩张，抑制甲乙两国的经济周期协同。当甲乙之间的经济政策不确定性差异较小时，若二者均存在较高程度的经济政策不确定性，预期资本边际收益率较低，均会减少投资，双边资本流动减少，产出均收缩；若二者经济政策不确定性程度均较低时，对经济发展前景充满信心，预期资本边际收益率较高，将会增加投资，双边资本流动增强，产出均扩大。由此可见，当经济政策不确定性差异较小时，有利于促进两国之间的经济周期协同。

7.2.2　贸易传导机制

科斯和特罗内斯（Kose & Terrones，2003）认为，当两国之间的贸易联结主要通过产业内专业化来实现时，即主要体现为替代品效应时，两国之间的经济周期协同将减弱；当主要体现为互补品效应时，两国之间的经济周期协同将增强。刘洪铎和陈和（2016）实证研究了目的国经济政策不确定性对来源国出口动态的影响，结果发现目的国经济政策不确定性加剧将导致来源国出口退出数量的上升。当甲乙两国的经济政策不确定性差异较大时，经济行为主体不看好经济政策不确定性程度高的甲的发展前景，乙国对甲的出口贸易减少，而由于风险溢价效应的存在，甲国经济政策不确定性程度高时，企业由于融资成本较高，投资风险较大，本国出口企业退出数量较多，甲对乙国的出口贸易将减少。当两国之间的经济政策不确定性差异较大时，两国之间的贸易联结将减弱，而它们影响经济周期协同的方向取决于贸易主要体现为互补品效应还是替代品效应。当甲乙两国的经济政策不确定性均较高时，两国的经济行为主体均对未来感到悲观，两国之间的进出口贸易受到抑制，贸易联结减弱；当甲乙两国的经济政策不确定性均较低时，经济行为主体对未来预期较乐观，出口企业数量增加，两国之间的出口贸易额攀升，贸易联结增强。由此可见，经济政策不确定性差异通过双边贸易的传导渠道较为复杂，它对经济周期协同的影响，不仅与差异程度有关，还与两国各自经济政策不确定性程度本身紧密相连，而影响的方向则取决于替代品效应与互补品效应的综合效果。

由上述分析可知，经济政策不确定性差异主要通过改变投资、贸易的流动方向，从而影响两国之间的经济周期协同。一般来说，经济政策不确定性差异越大，越不利于国家之间的经济周期协同；经济政策不确定性差异较小时，不确定性主要影响各国国内的投资与消费，而对两国之间的双边贸易和双边 FDI 的影响较小，此时经济政策不确定对经济周期协同的影响方向主要依赖于两国之间的产业结构相似度。

7.3　模型设定与变量选取

7.3.1　模型设定

经济政策不确定性对双边贸易强度、双边直接投资强度均会产生影响，为了解决内生性问题，借鉴伊姆斯（2004）、安东纳卡基斯和通德尔（2014）的联立方程模型，将模型设立如下：

$$\text{corr}_{ij,t} = \alpha_0 + \alpha_1 \text{trade}_{ij,t} + \alpha_2 \text{fdi}_{ij,t} + \alpha_3 \text{spec}_{ij,t} + \alpha_4 \text{epu}_{ij,t} + \alpha_5 I_1 + e_{1ij,t}$$

$$(7.1)$$

$$\text{trade}_{ij,t} = \beta_0 + \beta_1 \text{corr}_{ij,t} + \beta_2 \text{fdi}_{ij,t} + \beta_3 \text{spec}_{ij,t} + \beta_4 \text{epu}_{ij,t} + \beta_5 I_2 + e_{2ij,t}$$

$$(7.2)$$

$$\text{spec}_{ij,t} = \gamma_0 + \gamma_1 \text{trade}_{ij,t} + \gamma_2 \text{fdi}_{ij,t} + \gamma_3 I_3 + e_{3ij,t} \qquad (7.3)$$

$$\text{fdi}_{ij,t} = \mu_0 + \mu_1 \text{trade}_{ij,t} + \mu_2 \text{spec}_{ij,t} + \mu_3 \text{epu}_{ij,t} + \mu_4 I_4 + e_{4ij,t} \qquad (7.4)$$

$$\text{epu}_{ij,t} = \delta_0 + \delta_1 \text{spec}_{ij,t} + \delta_2 I_5 + e_{5ij,t} \qquad (7.5)$$

上述方程式中，i、j代表国家i与国家j，t代表时间，corr为经济周期协同，trade为双边贸易强度，spec为产业结构相似度，fdi为双边直接投资强度，epu为经济政策不确定性差异，$I_1 \sim I_5$分别表示方程（7.1）至方程（7.5）中的外生控制变量，$e_{1ij,t}$至$e_{5ij,t}$为相应方程的随机干扰项。模型中共有五个内生变量，分别是经济周期协同、双边贸易强度、产业结构相似度、双边直接投资强度、经济政策不确定性差异。模型中每一个方程以其中一个内生变量为被解释变量，并将其他影响被解释变量的内生变量写进方程，寻找各自的外生控制变量，确保联立方程模型可以被识别。

在外生控制变量中，I_1包含实际距离自然对数、话语权差异、实际GDP总和，I_2包含法治程度差异、实际距离自然对数，I_3包含管理质量差异、实际GDP总和，I_4取政府效能差异，I_5取政治稳定与非暴力差异、政府债务差异。实际距离自然对数可以衡量国与国之间历史渊源、自然禀赋差异程度，并能从交易成本的角度衡量双边贸易强度，所以它可用来作经济周期协同与双边贸易强度的外生控制变量。话语权差异衡量各国崇尚自由与民主的差异及其发达程度差异，反映了国与国之间的体制差异，对两国之间的经济周期协同有影响。实际GDP总和衡量了两个经济体的产出总水平与发展潜力，对经济周期协同与产业结构相似度均有影响。法治程度差异反映了国与国之间合同履行质量与政策法规执行质量差异，影响了双边贸易持续联结程度。管制质量差异反映了两国政府制定实施行业准入规则并推动私人部门发展的能力差异，对产业结构相似度有较大影响。政府效能差异衡量两国政府提供公共服务质量及其政府公信力差异，反映了两国之间吸引外商投资能力的差异。政治稳定与非暴力差异衡量了两国之间政治稳定性差异，政府债务差异影响经济政策的制定与实施，二者均对经济政策不确定性差异产生了重要影响。

在开放经济条件下，经济政策不确定性差异不仅影响国内的投资、消费、就业与产出，还会通过国际传导渠道，影响国与国之间的双边贸易、FDI 等，为了进一步检验前文的理论分析，下文将对经济政策不确定性差异影响经济周期协同进行实证研究。

7.3.2　变量选取

7.3.2.1　经济周期协同

借鉴塞凯拉和马丁斯（Cerqueira & Martins，2009）构建协动性指标的方法，采用实际 GDP 增长率来计算两国之间的经济周期协同，该指数值越大，表明两国之间的经济活动相关性越强，经济周期协同性越高。计算公式如下：

$$\text{corr}_{ij,t} = 1 - \frac{1}{2}\left(\frac{d_{it} - \overline{d_i}}{\sqrt{\frac{1}{T}\sum_{t=1}^{t=T}(d_{it} - \overline{d_i})^2}} - \frac{d_{jt} - \overline{d_j}}{\sqrt{\frac{1}{T}\sum_{t=1}^{t=T}(d_{jt} - \overline{d_j})^2}}\right)^2 \quad (7.6)$$

式（7.6）中，$\text{corr}_{ij,t}$ 为 t 时期国家 i 和国家 j 之间的经济周期协同，d_{it}、d_{jt} 分别为国家 i 和国家 j 的实际 GDP 增长率，$\overline{d_i}$、$\overline{d_j}$ 分别为国家 i 和国家 j 从 t 到 T 的实际 GDP 增长率的年平均值。其中实际 GDP 增长率数据来自世界银行的 WDI 数据库。

7.3.2.2　经济政策不确定性差异

经济不确定性总伴随着风险，反映了个体、企业与政府对未来经济发展波动程度的判断；经济政策不确定性则反映了经济政策制定的不透明程度，经济政策执行的不一致程度，以及对未来政策预测的难易程度。由于欧洲地区的经济政策不确定性指数基于新闻指数而编制，出于数据一致性原则，所有经济政策不确定性指数均只采用基于新闻指数部分的数据。经济政策不确定性差异则取两国之间的经济政策不确定性指数之差的绝对值，计算公式如下：

$$\text{EPU}_{ij,t} = |\text{EPU}_{it} - \text{EPU}_{jt}| \quad (7.7)$$

式（7.7）中，$EPU_{ij,t}$为国家 i 与国家 j 之间的经济政策不确定性差异，EPU_{it}和EPU_{jt}分别为国家 i 与国家 j 的经济政策不确定性指数，它们均由各国的经济政策不确定性指数月度数据进行年度平均而得，原始数据来源于经济政策不确定性指数网站①。

为了直观把握发达国家之间、发展中国家之间以及发达国家与发展中国家之间在经济政策不确定性差异、经济周期协同两个指标上的差异，将分类绘制折线图，具体情况如图 7.1 所示。由图 7.1 可知，发达国家之间的经济政策不确定性差异最小，但自 2010 年后，差异迅速飙升，明显超过了发达国家与发展中国家之间的差异。发达国家之间的经济周期协同受 1997 年的东南亚金融危机的冲击较小，整体协同程度最高，波动幅度较小。发展中国家之间的经济政策不确定性差异程度最大，波动程度较为剧烈，在 2001 年、2012 年分别出现一次尖锐的峰值。受东南亚金融危机的影响，发展中国家之间的经济周期协同在 1998 年之后出现大幅下滑，一年之后有所回升。遭遇 2008 年金融危机的冲击，发展中国家之间的经济周期协同跌入谷底。发达国家与发展中国家之间的经济政策不确定性差异明显弱于发展中国家之间的差异，但它们之间的经济周期协同波动程度最为剧烈，其中 2008 年金融危机对其冲击最大，导致 2009 年的经济周期协同出现一个尖锐的谷值。从全样本来看，由图 7.1（d）可知，经济政策不确定性差异与经济周期协同确实存在负向相关关系，随着经济政策不确定性差异的缩小，经济周期协同程度随之提升。受 2008 年金融危机的影响，经济周期协同出现大幅下降，一年之后经济周期协同迅速回升，在 2009 年处形成一个深邃的漩涡。2009 年以前，经济政策不确定性差异波动幅度较为平缓，2009 年以后，经济政策不确定性差异大起大落，波动较为剧烈，两个阶段的经济政策不确定性差异均与经济周期协同呈现此消彼长的负相关关系。

---

① 经济政策不确定性指数网站网址为 http：//www. policyuncertainty. com/index. html。

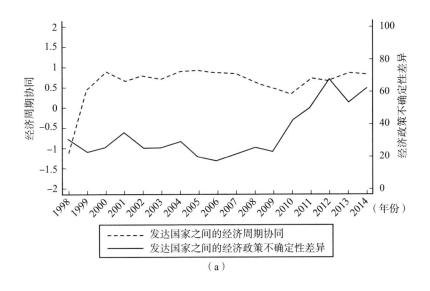

（a）

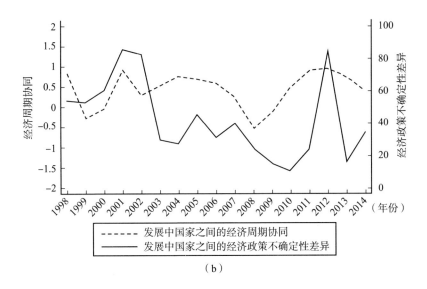

（b）

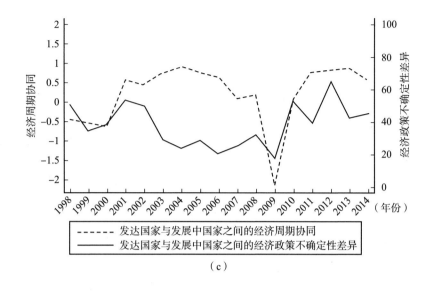

（c）

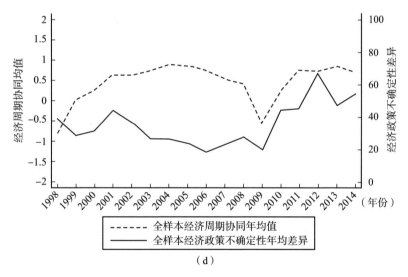

（d）

图 7.1　经济政策不确定性差异与经济周期协同

总而言之，2008 年金融危机冲击发达国家之间的经济周期协同的持续时间最长，对发达国家与发展中国家的影响程度最深，而发展中国家之间的经济周期协同面对冲击恢复得最快。无论是发达国家之间、发展中国家之间，还是发达国家与发展中国家之间，经济周期协同与经济政策不确定性差异均呈现负向相关关系。

7.3.2.3　其他变量

在探究经济政策不确定性差异对经济周期协同的影响时，还需要控制的变量有双边贸易强度、双边直接投资强度、产业结构相似度、实际GDP总和、空间距离等，具体情况如表7.1所示。主要指标的描述性统计分析如表7.2所示。

表7.1　　　　　　　　　　变量说明与数据来源

变量名	指标测度	数据来源
双边贸易强度（trade）	$\text{trade}_{ij,t} = \dfrac{X_{ij,t} + M_{ij,t}}{\text{Trade}_{it} + \text{Trade}_{jt}}$，其中 $X_{ij,t}$ 为 t 时期国家 i 向国家 j 的出口贸易总额、$M_{ij,t}$ 为 t 时期国家 i 从国家 j 的进口总额，单位均为百万美元；Trade_{it} 和 Trade_{jt} 分别为国家 i 和国家 j 的对外贸易出口总额，单位均为美元。由于转口贸易和统计误差的存在，一国的出口并不一定等于另一国的进口，在计算双边贸易强度时均采用各国报告的出口 FOB 价，计算公式调整为：$\text{trade}_{ij,t} = \dfrac{X_{ij,t} + X_{ji,t}}{\text{Trade}_{it} + \text{Trade}_{jt}}$	贸易总额数据来源于 WTO 数据库，成员国贸易往来数据来源于国际货币基金组织 DOTS 数据库
政府债务差异（$\text{det}_{ij,t}$）	$\text{det}_{ij,t} = \lvert \text{det}_{it} - \text{det}_{jt} \rvert$，其中 det_{it} 和 det_{jt} 分别为 t 时期国家 i 和国家 j 政府债务占 GDP 的比例	世界经济展望 WEO 数据库
产业结构相似度（spec）	$\text{spec}_{ij,t} = \sum\limits_{k}^{K} \lvert s_{ki,t} - s_{kj,t} \rvert$，其中 $s_{ki,t}$ 和 $s_{kj,t}$ 分别为 t 时期国家 i 和国家 j 在产业 k 中占 GDP 的份额，产业按照 ISIC 标准划分	联合国工业发展组织 UNIDO 数据库
两国之间的地理距离自然对数值（dist）	$\text{dist}_{ij,t} = \ln(\text{dis}_{ij,t})$，$\text{dis}_{ij,t}$ 为国家 i 与国家 j 之间的实际地理距离，单位为千米	实际地理距离原始数据来源于 CEP II 的 Gravity 数据库
实际 GDP 总和（sgdp）	$\text{sgdp}_{ij,t} = \ln\text{gdp}_{it} + \ln\text{gdp}_{jt}$，其中 $\ln\text{gdp}_{it}$ 和 $\ln\text{gdp}_{jt}$ 分别为 t 时期国家 i 和国家 j 以 2010 年为基期的实际 GDP 的自然对数，单位为 10 亿美元	世界银行 WDI 数据库

续表

变量名	指标测度	数据来源
双边直接投资强度① (fdi)	$fdi_{ij,t} = \dfrac{fdiin_{it} + fdiin_{jt}}{fdi_{it} + fdi_{jt}}$，其中 $fdiin_{it}$ 与 $fdiin_{jt}$ 分别为国家 i 对国家 j 与国家 j 对国家 i 的外商直接投资流入额，fdi_{it} 和 fdi_{jt} 分别为国家 i 和国家 j 的外商直接投资流入流出总额	双边 FDI 原始数据来源于 OECD 数据库，FDI 流入流出总额来自 UNCTAD 的 FDI 数据库
话语权差异 (va)	$va_{ij,t} = \lvert va_{it} - va_{jt} \rvert$，其中 va_{it} 与 va_{jt} 分别为国家 i 和国家 j 的话语权与问责指数	话语权与问责原始数据来源于世界银行 WGI 数据库
法治程度差异 (rl)	$rl_{ij,t} = \lvert rl_{it} - rl_{jt} \rvert$，其中 rl_{it} 与 rl_{jt} 分别为国家 i 和国家 j 的法治程度指数	法治程度原始数据来源于世界银行 WGI 数据库
管制质量差异 (rq)	$rq_{ij,t} = \lvert rq_{it} - rq_{jt} \rvert$，其中 rq_{it} 与 rq_{jt} 分别为国家 i 和国家 j 的管制质量指数	管制质量原始数据来源于世界银行 WGI 数据库
政府效能差异 (ge)	$ge_{ij,t} = \lvert ge_{it} - ge_{jt} \rvert$，其中 ge_{it} 与 ge_{jt} 分别为国家 i 和国家 j 的政府效能指数	政府效能原始数据来源于世界银行 WGI 数据库
政治稳定与非暴力差异 (pv)	$pv_{ij,t} = \lvert pv_{it} - pv_{jt} \rvert$，其中 pv_{it} 与 pv_{jt} 分别为国家 i 和国家 j 的政治稳定与非暴力指数	政治稳定与非暴力原始数据来源于世界银行 WGI 数据库

表 7.2　　　　　　　　　　　　　主要指标描述性统计

变量名称	观测值	均值	标准差	最小值	最大值
corr	1326	0.450	1.047	−7.259	4.711
epu	1326	35.672	31.9683	0.011	187.9
spec	1326	0.381	0.214	0.045	0.943
trade	1326	0.016	0.021	0.001	0.168
fdi	917	0.001	0.003	−0.022	0.033

---

① 由于澳大利亚、加拿大、巴西、印度、俄罗斯、中国的双边 FDI 数据不完整，故在计算其与别国之间的双边直接投资强度时，采用别国的报告数据，计算公式调整为 $fdi_{ij,t} = \dfrac{fdiin_{it} + fdiout_{it}}{fdi_{it} + fdi_{jt}}$，其中 $fdiin_{it}$ 与 $fdiout_{it}$ 分别为国家 i 对 partner 国家外商直接投资的流入值与流出值。

G20 国家的 GDP 占全球 GDP 的 90%，贸易额达到了全球贸易的 80%，该经济合作组织致力于推动发达国家与新兴市场国家的共同发展，齐心协力应对全球经济危机，研究该组织中成员国之间的经济周期协同，有利于寻求经济政策有效实施的通用良方。囿于数据的可获得性，从 G20 集团中最终选取了 13 个国家，分别是美国、英国、法国、加拿大、德国、意大利、日本、俄罗斯、巴西、中国、印度、韩国、澳大利亚，即 G7 集团、金砖四国、韩国、澳大利亚。此外，样本国家中经济政策不确定性指数数据从 1998 年开始较为完整，大部分指标数据更新到 2014 年，其后的数据尚未发布，故选取的样本时间范围为 1998~2014 年。

7.4　模型估计与结果分析

由于变量之间的关系错综复杂，存在较为严重的内生性，将采用三阶段最小二乘法进行估计，以提高估计结果的一致性与有效性。由于采用的是跨国面板数据，故在对联立方程模型进行估计时，需将所有数据进行去中心化处理，消除个体效应，再进行三阶段最小二乘法估计，估计结果如表 7.3 所示。

表 7.3　　　　　　　　　联立方程模型估计结果

解释变量	被解释变量				
	corr	trade	spec	fdi	epu
corr		0.859 *** (0.308)			
epu	−15.680 ** (6.371)	−1.082 *** (0.238)		0.503 *** (0.160)	
trade	−7.998 *** (2.022)		0.567 *** (0.089)	0.571 *** (0.035)	

续表

解释变量	被解释变量				
	corr	trade	spec	fdi	epu
fdi	- 2. 061 ** (0. 952)	1. 227 *** (0. 166)	- 0. 772 *** (0. 160)		
spec	7. 838 *** (2. 865)	0. 598 *** (0. 095)		- 0. 239 *** (0. 042)	- 0. 080 * (0. 048)
dist	- 8. 441 *** (2. 310)	- 0. 130 ** (0. 059)			
va	- 7. 448 *** (2. 508)				
sgdp	2. 728 *** (0. 609)		- 0. 099 *** (0. 032)		
rl		- 0. 202 *** (0. 064)			
rq			0. 760 *** (0. 030)		
ge				0. 068 * (0. 039)	
pv					0. 163 *** (0. 043)
det					- 0. 018 (0. 013)
_cons	- 1. 625 ** (0. 633)	0. 070 (0. 050)	- 0. 091 *** (0. 030)	- 0. 069 ** (0. 034)	- 0. 062 ** (0. 031)
是否控制年份时间效应	是	是	是	是	是
Chi2	120. 68 [0. 00]	448. 11 [0. 00]	747. 72 [0. 00]	329. 77 [0. 00]	45. 19 [0. 00]
N	917	917	917	917	917

注: ( ) 内为标准误, [ ] 内为相应检验统计量的 P 值; ***、** 和 * 分别表示 1%、5% 和 10% 的显著性水平; N 为样本数。

　　由表 7.3 可知，经济政策不确定性差异（epu）对经济周期协同的系数为 - 15.680，在 5% 的显著性水平上显著，系数符号与预期一致。经济政策不确定性差异程度越大，由于实物期权效应、预防性储蓄效应、风险溢价效应的存在，经济体作出的反应越不相同，不利于两国之间的经济周期协同。经济政策不确定性差异对双边贸易强度的影响系数为负，对双边直接投资强度的影响系数为正，且均在 1% 的显著性水平上显著。这说明经济政策不确定性差异越大，越不利于两国之间的贸易持续，但有利于两国之间的投资。由于预期的作用，资本对于经济政策不确定性的变化较为敏感，当两国之间的经济政策不确定性差异较大时，出于套利的目的，资本流动较为频繁，有利于两国之间的投资。

　　双边贸易强度（trade）对经济周期协同的直接影响系数为 - 7.998，在 1% 的显著性水平上显著。这可以用乔瓦尼和列夫琴科（Giovanni & Levchenko，2008）、吴（Ng，2010）以及肖威和刘德学（2013）的研究结果来解释，他们都认为双边贸易包含着产业间贸易与产业内贸易，前者主要发挥互补品效应，对经济周期协同有正向作用；后者主要发挥替代品效应，对经济周期协同产生负向作用。双边贸易强度对经济周期协同影响主要产生了负向的直接影响，说明样本中双边贸易主要发挥着替代品效应，不利于经济周期协同。

　　双边直接投资强度（fdi）对经济周期协同的直接影响系数为 - 2.061，在 5% 的显著性水平上显著。安东纳卡基斯和通德尔（2014）的研究指出，双边直接投资主要包括市场寻求型投资和资源寻求型投资两种类型，前者依赖于母国与东道主国家经济增长的协同方式而对经济周期协同产生正向或负向影响，后者为了节约成本而进行投资，母国市场需求的扩张或萎缩，直接影响东道主国家市场需求的扩张或萎缩，对经济周期协同产生正向影响。双边直接投资强度对经济协同的直接影响为负，说明双边投资中市场寻求型外商直接投资超过了资源寻求型投资，发挥了主要作用。

　　产业结构相似度对经济周期协同具有直接正向影响，且在 1% 的显著性水平上显著。这是因为产业结构相似度越高，在面对同样的供给冲击、需求冲击或不确定性冲击时，各国的反应可能越相似，从而有利于经济周期协同。

由于变量之间的关系较为复杂，为了更直观全面地了解各解释变量对经济周期协同的影响，根据表7.3结果计算得到各变量对经济周期协同的直接影响、间接影响与综合影响，具体情况如表7.4所示。

表7.4　经济周期协同影响因素的直接影响、间接影响与综合影响

			直接影响	间接影响	综合影响
epu			− 15.680		− 6.421
	通过 trade	$\beta_4 \times \alpha_1$		8.222	
	通过 fdi	$\mu_3 \times \alpha_2$		1.037	
spec			7.838		4.795
	通过 trade	$\beta_3 \times \alpha_1$		− 4.783	
	通过 fdi	$\mu_2 \times \alpha_2$		0.493	
	通过 epu	$\delta_1 \times \alpha_4$		1.247	
trade			− 7.998		− 4.735
	通过 fdi	$\mu_1 \times \alpha_2$		− 1.177	
	通过 spec	$\gamma_1 \times \alpha_3$		4.444	
fdi			− 2.061		− 17.926
	通过 trade	$\beta_2 \times \alpha_1$		− 9.814	
	通过 spec	$\gamma_2 \times \alpha_3$		− 6.051	

由表7.4可知，双边贸易强度、双边直接投资强度、产业结构相似度以及经济政策不确定性差异程度对经济周期协同的综合影响与直接影响的方向一致，而大小有所变化。双边贸易强度、产业结构相似度与经济政策不确定性差异对经济周期协同的综合影响有所缩小，而双边直接投资强度的综合影响有所扩大。从综合影响结果来看，各变量对经济周期协同的负向影响从大到小排序，分别为双边直接投资、经济政策不确定性差异、双边贸易强度。

7.5　本 章 小 结

经济政策不确定性不仅受到国内因素的影响，也遭受着频繁的国际冲击。经济行为主体在进行贸易、投资等经济活动时，权衡利弊，作出理性抉择。由于实物期权效应、风险溢价效应、预防性储蓄效应等的存在，经济政策不确定性差异主要通过改变两国之间的投资、贸易等经济活动的流动方向，从而影响两者之间的经济周期协同。本章主要发现有：①经济政策不确定性差异对经济周期协同具有显著负向影响，对双边贸易强度具有显著负向影响，对双边直接投资强度具有显著正向影响；②经济政策不确定性差异对经济周期协同的综合负向影响仅次于双边直接投资，且通过贸易渠道和投资渠道对经济周期协同的间接影响均为正；③经济政策不确定性差异对经济周期协同的直接影响被间接影响抵消了一部分，综合影响程度明显弱于直接影响程度。

经济周期协同是共同执行货币政策的先决条件，如若经济周期不协同，各国为了维护自身经济利益而进行博弈，倾向于遵循有利于自身的经济政策而抵抗不利于自身的经济政策。为了共同应对经济危机，减少国际合作的摩擦与冲突，应致力于加强国际之间的经济周期协同，可以从以下几个方面着手：一是加强经济政策协调，减少利益博弈导致的政策冲突，求同存异；二是大力推动实体经济发展，降低产业空心化水平，提高经济体对经济政策不确定性冲击的抵抗能力；三是加强法治经济建设，减少人为干预，以稳定性应对不确定性，形成良好预期。

第 8 章 降低经济政策不确定性减缓经济周期波动的政策建议

经济政策不确定性主要通过预防性储蓄效应、金融摩擦效应、实物期权效应、波动溢出效应、消息和信任传导机制对经济周期波动产生不利影响，该影响在经济衰退阶段远大于繁荣阶段，且因经济发达水平和不确定性类型的不同而存在显著差异。如今地缘政治风险骤增、国际冲突不断、恐怖活动激增、时局动荡，在这些不稳定因素增加的时代背景下，减轻经济政策不确定性影响后果，减缓经济周期波动，促进国际经济周期协同，共同应对经济危机，实现世界经济较快复苏这一目标刻不容缓。根据本研究，我们应当降低经济政策不确定性、提升抵抗不确定性冲击的能力、加强国际合作以减缓世界和国内经济周期波动。

8.1 减缓世界经济周期波动的政策建议

8.1.1 充分发挥国际组织的作用

目前，与人类经济发展相关的国际组织可以看成两类：第一类主要承担国际经济相应职能的组织，如国际货币基金组织（IMF）、联合国贸易和发展会议（UNCTAD）等；第二类纯粹是根据经济发达水平与具体国情而集结的组织，如 G7 集团、G20 集团、金砖国家、经济合作与发展组织（OECD）、欧盟等。上述国际组织在推动世界经济的发展过程中发挥了不可忽视的作用。特别是经济发展水平欠发达的国家（地区），要抓住国际组织提供的机遇，充分发挥合作伙伴精神，进一步利用自身比较优势，实现资源互利、优势互补，要积极加入国际组织，充分吸纳集体的力量，稀释外源性不确定性的冲击。金砖国家作为发展中国家合作组织的典型代表，国家领导人自 2006 年开始，每年会晤一次，就发展目标、经济形势、金融、贸易等议题交流并交换意见，有利于进一步收集信息，提升发展中国家的国际话语权，推动发展中国家之间的国际交流与合作，加强自身体制机制的调整与优化。G20 集团同时包含了发达国家和发展中国家，迈开了探索发达国家与发展中国家经济融合与多元发展的第一步，为进一步构建多边贸易机制，打破贸易壁垒，减少交易成本，实现经济共同发展创新了有利条件。因此，各国要借势发展，充分发挥已有国际组织的作用，同时根据地理毗邻、自然资源种类、比较优势、共同发展目标等建立新的组织，保持组织的稳定程度，依靠组织的稳定性，共同对抗外部冲击。

8.1.2 加强国际宏观经济政策协调

某些国家出于对自身短期利益的维护，出现了逆全球化的论断。随着生产要素的国际流动，各国走向开放与融合是时代发展的必然趋势，寻求比较优势，推动经济发展是生产力发展的内在客观要求。虽然国与国之间可能存在暂时的利益冲突，但在全球化进程中必然形成长期的利益共同体，甚至是命运共同体，加强国际宏观经济政策协调，是维护各方经济利益、求同存异的重要保障，也是减少利益冲突与摩擦，消解国家矛盾的有利法宝。无论是发达国家，还是发展中国家，它们均是世界经济发展链条上的重要环节，全然不顾另一方利益的单边主义是一把双刃剑，极有可能造成"伤人一千，自损八百"的局面。发展中国家为发达国家提供了廉价劳动力，为发达国家的经济发展作出了不可忽视的贡献。因此，从长远来看，发达国家在调整财政政策或货币政策等经济政策时，不仅要考虑自身利益，还要关注对其他国家，特别是欠发达国家（地区）的影响，尽可能减少因政策调整导致的经济政策不确定性对他国的冲击，构造一种更加包容、更加多元、更加融合的世界经济秩序。

8.1.3　促进国际经济周期协同

国际经济政策的有效实施的先决条件之一在于各方的经济周期波动在大小与方向上并无较大差异，即需要较好的国际经济周期协同水平。总体来看，促进国际经济周期协同主要有四个方面的作用：一是保证国际经济政策的实施效果；二是遏制政府干预导致的不良后果在国际间传导；三是弱化经济危机对世界经济的冲击；四是降低世界经济复苏的困难程度。由此可见，促进国际经济周期协同切实有利于减缓世界经济周期波动。具体而言，可以从以下几个方面着手推动国际经济周期协同：一是加强垂直化专业分工，延长垂直贸易链，国与国之间互通有无，加强贸易往来，促进经济融合；二是打破贸易壁垒，减少贸易摩擦，降低交易成本，缩短交易时间，促进世界经济系统良性循环；三是积极推进并构建区域经济或政治组织，制定共同的经济发展目标，一同对抗其他国家和地区的经济政策不确定性冲击。

8.2　平抑国内经济周期波动的政策建议

8.2.1　加强立法制度建设

政府宏观调控在各国经济发展过程中发挥了重要作用，推行相应的经济政策是其发挥调控作用的重要表现形式。2008 年金融危机爆发之后，全球经济政策不确定性水平节节攀升。频繁的政策调整，虽然短期内取得了一定的效果，但是我们不能忽视政策调整所带来的政策不确定性，它不利于公众形成稳定的预期，有可能损害经济政策效果的发挥。因此，我们应该进一步加强立法，形成可持续的、稳定的经济制度，减少朝令夕改的行政干预，充分发挥市场调节功能，清除只靠政府"输血"维持的僵尸型企业，维护公平正当竞争的经济秩序，保持经济系统平稳有序运行。比如，税收减免政策的推行，应该加强税收政策立法过程，将具体的税收减免制度写进法律，避免因主管部门领导的个人喜好或领导人更换而推出不可持续的行政政策，扰乱公众预期。将税收政策明明白白写进法律，经济行为主体可以明确知道未来的税收模式及水平，打消他们因税收问题不明确而导致损失的顾虑。加强立法制度建设，一来可以保证相应经济政策的稳定性与持续性，避免政策的朝令夕改，降低经济政策不确定性水平；二来可以保障政策信息的公开与透明，减少公众搜集信息的成本；三来可以切实维护公平公正的经济秩序，杜绝企业和政府官员因为信息优势而寻租。

8.2.2　提升抵抗不确定性冲击的能力

经济政策不确定性主要通过波动溢出形式蔓延至他国，污染其他国家的经济政策不确定性水平。要防范外源性政策不确定性的冲击，首要的是大力增强本土抵抗风险和不确定性的能力。显而易见，一国的开放程度及其经济发展的国际依赖性很大程度上制约着其抵抗能力的发挥。对外开放是时代发展的内在要求，世界工厂的形成，国际生产要素的流动，决定我们难以通过闭关锁国的方式对抗不确定性冲击。那么，降低国际依赖性是增强不确定性和风险防范能力的理性诉求。首先，应当降低产业空心化程度，大力促进实体经济发展，进一步稳杠杆，减少投机套利等低价值行为的产生，进一步规范市场，引导企业树立长期目标，杜绝盲目逐利的短视行为，加强企业自身的抗风险能力。其次，促进企业研发创新，特别是要注重主导行业、产业、企业等的技术研发与理念创新，将国民经济支柱性产业的核心技术牢牢掌握在自己手中，避免被他国扼住咽喉而难以生存，尽可能减少他国经济制裁导致的损失，同时提升本国经济应对不确定性冲击的抗风险能力。最后，加强国际交流，拓展外源信息的获取渠道，提升自身对国际信息的分析与判断能力，提前预判，积极应对。

8.2.3　构建稳定的信息公开与数据发布制度

根据前文的研究可知，经济政策不确定性主要产生于谁来制定经济政策决策、采取什么样的经济政策行动以及政策效应何时起作用等政策调整过程。事关企业经营的信息越不公开，信息收集成本越大，越容易引起公众的猜疑，不利于形成稳定的预期。因此，政府应该构建稳定的信息公开与数据发布制度，切实做到信息和数据共享，尽可能清除公共信息获取障碍，帮助经济行为主体根据已有信息合理调整经济决策，降低经济政策不确定性冲击的影响。

8.2.4　科学把握国内外宏观经济环境

从宏观经济政策环境来看，受国内外政治经济形势的影响，特别是贸易摩擦升级和地缘政治关系复杂多变，当前宏观经济政策环境变幻莫测，全球经济政策不确定性风险加剧，其直接后果是导致包括消费者、投资者等在内的微观经济主体对宏观经济的整体预期缺乏明确的目标和方向，从而使得全球经济复苏同步性持续减弱，而经济周期的不同步又必然会引起主要经济体货币政策、财政政策出现分化，最终会加剧金融市场波动和经济周期波动。

从当前国际经济周期特征来看，全球经济周期同步性减弱，发达经济体经济继续稳步扩张，特别是美国经济增长强劲，而新兴市场和发展中经济体经济增长相对缓慢，并且呈现出美国与非美经济相对强弱的周期性交替特征，逆全球化趋势明显。随着美国需求外溢的进一步下降，产业资本必将持续回流美国，导致非美经济景气持续承压。另外，受美国总统特朗普贸易保护等影响，欧洲等出口导向型经济体和新兴经济体必将进一步受到外部冲击和影响。

对于中国而言，首先，要认清当前宏观经济政策环境的不确定性和复杂性，全球经济增长放缓，国际贸易不确定性增大，地缘政治关系复杂多变等问题。不仅应积极主动面对全球宏观经济政策环境，而且要在全球经济政策博弈中发挥积极作用，在全球治理体系改革中努力贡献中国智慧和力量。其次，应明确我国经济发展已步入新常态，不应再像过去那样追求高增长率的粗放型增长模式，而要坚持以提高经济发展质量和效益为中心的高质量发展道路。正确面对当前日益复杂多变的发展环境，坚持稳中求进的工作总基调，在"变"与"稳"中推进中国经济高质量发展。

8.2.5　谨慎推行经济政策

由经济政策不确定性影响经济周期波动的国内传导研究结论可知，经济政策不确定性对经济周期波动的影响存在 1 年左右的滞后，在经济衰退时，该影响后果更严重。单就货币政策不确定性来看，它的影响速度更快，影响程度远强于财政政策不确定性。在推行新的货币政策或经济政策时，不能忽视政策调整本身所带来的不确定性，它可能给原本不好的经济形势雪上加霜，加速经济陷入"不确定性陷阱"，从而加剧经济衰退。因此，我们要持十分谨慎的态度对待一项新的经济政策，尽可能减轻推行新政策的负作用。

总之，平抑经济周期波动是经济发展的永恒主题，经济政策不确定性的存在，加重了经济危机在世界范围内的传递与污染。我们要充分认识经济政策不确定性的本质特征，从根源上降低经济政策不确定性程度，增强各方应对危机、防范风险的能力，以稳定性应对不确定性，形成良好预期，弱化不确定性对宏观经济的冲击，加强经济系统的平稳运行，减缓经济周期波动。

结　　论

　　2008 年国际金融危机爆发之后，经济政策不确定性成为经济不确定性的主要表现形式，与此同时，其水平值也节节攀升，严重制约着世界经济的复苏。基于这一时代背景，本研究聚焦于经济政策不确定性对经济周期波动的影响研究。首先，基于已有经济学理论，系统探讨了经济政策不确定性影响经济周期波动的国内外传导机理。其次，根据现实数据，细致剖析了二者各自的特征，并对其相关性进行了初步探索。再次，利用面板 VAR 模型、面板固定效应模型、GVAR 模型等计量方法对国内外传导过程进行相应的实证论证，同时借鉴迪博尔德和伊尔马兹（2012）构建的广义向量自回归框架，测度了美国、日本、英国、中国等 14 个国家经济政策不确定性溢出效应的大小与方向。最后，采用联立方程模型，实证分析了经济政策不确定性差异（即经济政策不确定性的相对值）对国际经济周期协同的影响。对上述问题的探讨，有利于我们进一步深入认识经济政策不确定性，寻找世界经济复苏缓慢的深层次原因，并为减缓世界经济周期波动与各国国内经济周期波动提供新的途径与视角。具体而言，得到的主要结论如下所示。

　　第一，预期理论和经济周期理论是本选题的理论基础，经济政策不确定性主要通过实物期权效应、金融摩擦效应、预防性储蓄效应等对经济周期波动产生影响。与封闭经济条件相比，开放经济条件下国内外经济政策不确定性之间的交互影响，加上不确定性的乘数效应，导致经济政策不确定性的影响后果更为严重。从国内传导过程来看，经济政策不确定性主要通过预期对消费者（通过预防性储蓄机制和金融摩擦机制）、生产性企业（通过实物期权效应和金融摩擦机制）、金融机构（通过金融摩擦机制）产生影响，进而影响国内的消费需求和投资需求，最终影响经济周期波动。从国际传导过程来看，一国经济政策不确定性通过影响汇率波动、国内开放经济部门，再影响国外开放经济部门，再传递到国外非开放经济部门，同时通过溢出效应影响国外经济政策不确定性水平，最终共同作用于国外的经济周期波动。

第二，经济政策不确定性和经济周期波动同属于宏观经济指标，二者均存在典型特征。从经济政策不确定性指数（EPU）来看，近三年全球 EPU 指数大起大落，波动频率和波动幅度远超历史水平，全球面临着日益严峻的不确定性难题。美日英等主要发达国家的 EPU 指数呈现明显趋同，金砖国家的 EPU 指数远高于主要发达国家。从 GDP 增长率 HP 滤波后的周期性成分来看，全球经济周期波动呈现明显的"陡降缓升"特征，扩张期的波动幅度远小于收缩期，经济由繁荣转为衰退的收缩阶段较为急促，反过来则较为缓慢。

第三，经济政策不确定性与经济周期波动之间存在显著的相关性，且存在长期的均衡关系。经济政策不确定性水平越高，经济周期负向波动越剧烈，经济周期收缩程度越深，当经济周期处于扩张阶段时，经济政策不确定性水平越低，经济周期扩张越快，经济政策不确定性对经济周期波动的影响存在显著差异性。从相关系数绝对值的大小来看，经济政策不确定性对经济周期波动可能存在一定的滞后影响。从协整检验和格兰杰因果关系检验来看，二者之间存在双向因果关系，且国与国之间存在明显的异质性。

第四，利用面板 VAR 模型和面板固定效应模型对经济政策不确定性影响经济周期波动的国内传导进行实证分析，结果发现，该影响存在明显的滞后与异质性。根据面板 VAR 模型脉冲响应函数可知，经济政策不确定性对于经济政策不确定性短期影响的响应时间与响应幅度因发达水平不同而存在明显差异，收缩阶段的经济政策不确定性对经济周期波动的影响幅度最大，持续时间最长。由面板固定效应模型的实证结果可知，滞后 4 阶的经济政策不确定性对经济周期波动的影响最大，经济政策不确定性在 1 年后显著加剧了经济周期波动。由异质性实证分析结果可知，发展中国家的经济政策不确定性对经济周期波动的影响程度远高于发达国家，前者约为后者的 2.42 倍，经济政策不确定性主要在收缩期加剧了经济周期波动，进一步证实了法伊格尔鲍姆等（2017）所说的"不确定性陷阱"的存在。从经济政策不确定性的类别来看，货币政策不确定性在当期就加剧了经济周期波动，且影响强度远大于财政政策不确定性，而后者呈现出明显的滞后效应。

第五，经济政策不确定性存在明显的溢出效应，且主要表现为波动溢出形式。借鉴迪博尔德和伊尔马兹（2012）的广义向量自回归框架，利用世界主要经济体 2003 年 1 月～2017 年 5 月的数据，测度了美国、英国、中国、日本等 14 个国家的经济政策不确定性溢出效应。从溢出效应测算结果来看，美国对其他成员的溢出效应最大，中国对其他成员的溢出效应高于来自其他成员的溢出效应。整体而言，经济政策不确定性溢出效应呈现出明显的时变性，发达国家的整体溢出效应明显强于发展中国家，该溢出效应可能对突发的大事件较为敏感，而对于可预期的世界大事则较为迟钝。

第六，为了更好地挖掘影响经济政策不确定性溢出效应的主要因素，对其形成机理进行了实证检验。从面板固定效应模型估计结果来看，经济政策不确定性程度及其波动对溢出效应的偏效应均为正，且波动值的估计系数远高于水平值，这说明经济政策不确定性波动对溢出效应的形成起主要作用。从分位数回归估计结果来看，随着分位数的增加，对外贸易、经济政策不确定性水平值、波动值及交互项的估计系数的绝对值逐渐变大，这说明随着溢出水平的变化，对溢出效应起促进作用的因素随之变化。

第七，GVAR 模型可将时间序列数据与面板数据结合起来，且同时考虑个体之间的权重，可较好分析一国经济政策不确定性对他国经济周期波动的影响。根据溢出效应测算结果，美国的溢出效应最大。采用

GVAR 模型，探讨了美国经济政策不确定性对其他主要经济体经济周期波动的影响。结果发现，世界主要经济体的经济周期波动对美国经济政策不确定性冲击主要体现为长期的负向影响，极个别国家产生明显的正向影响，但该影响持续时间很短暂。与主要发达国家（地区）相比，金砖国家和新钻国家等发展中国家对美国经济政策不确定性冲击的响应速度更快，响应幅度更大，波动程度更剧烈。

第八，经济周期协同是经济周期波动的主要特征之一，剖析经济政策不确定性差异对国际经济周期协同的影响，可为减缓世界经济周期波动开辟新的视角。经济政策不确定性差异主要通过改变两国之间的投资、贸易等经济活动的流动方向来影响经济周期协同。根据联立方程模型估计结果可知，经济政策不确定性差异对经济周期协同和双边贸易具有显著负向影响，对双边直接投资强度具有显著正向影响。经济政策不确定性差异对经济周期协同的综合负向影响仅次于双边直接投资，且通过贸易渠道和投资渠道对经济周期协同的间接影响为正。经济政策不确定性差异对经济周期协同的直接影响被间接影响抵消了一部分，综合影响程度明显弱于直接影响程度。

经济周期波动是宏观经济研究的永恒主题之一，减缓世界经济周期波动和国内经济周期波动是推动人类经济持续、平稳、健康发展的必要条件。根据前文的理论与实证分析结果，我们可以通过充分发挥国际组织的作用，加强国际经济政策协调，促进国际经济周期协同等方式平缓世界经济周期波动，通过健全立法制度建设，构建稳定的信息公开与数据发布制度，进一步简政放权，谨慎使用经济政策等手段以降低经济政策不确定性水平，通过促进实体经济发展，加大研发投入，推动创新等方式以提升抵抗不确定性的能力，多管齐下平抑内经济周期波动。

与已有文献相比较，本书的不同之处主要体现在以下几个方面：一是将经济政策不确定性对经济周期波动的影响分成国内传导与国际传导两个维度分别进行论证；二是借鉴迪博尔德和伊尔马兹（2012）广义预测误差方差分解思想，测度了经济政策不确定性溢出效应的大小与方向；

三是采用 GVAR 模型，将时间序列数据与面板数据结合起来，同时考虑国与国之间的权重，实证分析了美国经济政策不确定性对其他主要经济体经济周期波动的影响；四是采用联立方程模型，考察了经济政策不确定性的相对值，即经济政策不确定性差异，它对国际经济周期协同的影响，为深入细致认识经济政策不确定性，寻找减缓世界经济周期波动的良方提供了新的视角。

与此同时，本书仍有可改进和进一步研究的空间，主要体现在：（1）缺乏微观基础，将来可将微观层面的数据包含进来，将微观经济波动与宏观经济波动结合起来，可更深刻认识经济政策不确定性的影响后果；（2）暂时只探讨了美国经济政策不确定性对其他主要国家经济周期波动的影响，只进行了个例研究，今后要深入研究多样本的国际传导过程，以找到一般规律；（3）经济政策不确定性并非可直接观测的经济变量，书中采用的 EPU 指数只是一个代理变量，未来要进一步探索新的测度方法，以提高指标的纯度，使研究结果更加符合实际。

参 考 文 献

［1］Gulen H, Ion M. Political Uncertainty and Corporate Investment ［J］. *Review of Financial Studies*, 2016, 29 (3): 523－564.

［2］Baker S R, Bloom N, Davis, Steven J. Measuring Economic Policy Uncertainty ［J］. *Quarterly Journal of Economics*, 2016, 131 (4): 1593－1636.

［3］陈乐一. 实现美好生活的六大经济基础 ［N］. 中国经济时报, 2018－06－25.

［4］弗兰克·奈特. 风险、不确定性和利润 ［M］. 北京: 华夏出版社, 2013.

［5］凯恩斯. 就业利息和货币通论 ［M］. 徐毓枬译. 北京: 商务印书馆, 1996.

［6］Pindyck R S. Capital Risk and Models of Investment Behavior ［R］. Working Paper No. 1819, M. I. T Sloan School of Management, 1986.

［7］Driver C, Moreton D. The Influence of Uncertainty on UK Manufacturing Investment ［J］. *Economic Journal*, 1991, 101 (409): 1452－1459.

［8］Driver C, Moreton D. Investment, Expectations and Uncertainty ［J］. *Basil Blackwell*, 1992.

［9］Goldberg L S. Exchange Rates and Investment in United States Industry ［J］. *Review of Economics & Statistics*, 1993, 75 (4): 575－588.

［10］Episcopos A. Evidence on the Relationship between Uncertainty and Irreversible Investment ［J］. *Quarterly Review of Economics & Finance*, 1995,

35 (1): 41 –52.

[11] Price S. Aggregate Uncertainty, Capacity Utilization and Manufacturing Investment [J]. *Applied Economics*, 1995, 27 (2): 147 –154.

[12] Price S. Aggregate uncertainty, Investment and Asymmetric Adjustment in the UK Manufacturing Sector [J]. *Applied Economics*, 1996, 28 (11): 1369 –1379.

[13] Huizinga J. Inflation Uncertainty, Relative Price Uncertainty, and Investment in U. S. Manufacturing [J]. *Journal of Money Credit & Banking*, 1993, 25 (3): 521 –549.

[14] Ghosal F, Loungani P. Product Market Competition and the Impact of Price Uncertainty on Investment: Some Evidence from U. S. Manufacturing Industries [J]. *Journal of Industrial Economics*, 1996, 44 (2): 217 –228.

[15] Leahy J V, Whited T M. The Effect of Uncertainty on Investment: Some Stylized Facts [J]. *Journal of Money Credit & Banking*, 1996, 28 (1): 64 –83.

[16] Guiso L, Parigi G. Investment and Demand Uncertainty [J]. *Quarterly Journal of Economics*, 1999, 114 (1): 185 –227.

[17] Campbell J Y, Lettau M, Xu M Y. Have Individual Stocks Become More Volatile? An Empirical Exploration of Idiosyncratic Risk [J]. *The Journal of Finance*, 2001, 56 (1): 1 –43.

[18] Kehrig M. The Cyclicality of Productivity Dispersion [R]. US Census Bureau Center for Economic Studies Paper. doi: 10. 2139/ssrn. 1854401, 2011.

[19] Chugh S K. Firm Risk and Leverage-based Business Cycles [J]. *Review of Economic Dynamics*, 2016, 20 (4): 111 –131.

[20] Bloom N. Fluctuations in Uncertainty [J]. *Journal of Economic Perspectives*, 2014, 28 (2): 153 –175.

[21] Jurado K, Ludvigson S C, Ng S. Measuring Uncertainty [J].

American Economic Review, 2015, 105 (3): 1177 – 1216.

[22] Fernández – Villaverde, Jesús, Guerrón – Quintana, Pablo, Kuester K, et al. Fiscal Volatility Shocks and Economic Activity [J]. *American Economic Review*, 2015, 105 (11): 3352 – 3384.

[23] Mumtaz H, Surico P. Policy Uncertainty and Aggregate Fluctuations [J]. *Journal of Applied Econometrics*, 2018, 33 (3): 319 – 331.

[24] Creal D D, Wu J C. Monetary Policy Uncertainty and Economic Fluctuations [R]. Chicago Booth Research Paper, No. 14 – 32, 2016.

[25] Huang S W. Essays on Measuring Monetary Policy Uncertainty and Forecasting Business cycle [D]. Kansas University, 2016.

[26] Lächler U. The Political Business Cycle under Rational Voting Behavior [J]. *Public Choice*, 1984, 44 (3): 411 – 430.

[27] Heckelman J C, Berument H. Political Business Cycles and Endogenous Elections [J]. *Southern Economic Journal*, 1998, 64 (4): 987 – 1000.

[28] Block S A. Political Business Cycles, Democratization, and Economic Reform: The Case of Africa [J]. *Journal of Development Economics*, 2002, 67 (1): 205 – 228.

[29] Khemani S. Political Cycles in a Developing Economy: Effect of Elections in the Indian States [R]. Policy Research Working Paper, 2004, 73 (1): 125 – 154.

[30] Konstantakis K N, Papageorgiou T, Michaelides P G, et al. Economic Fluctuations and Fiscal Policy in Europe: A Political Business Cycles Approach Using Panel Data and Clustering (1996 – 2013) [J]. *Open Economies Review*, 2015, 26 (5): 971 – 998.

[31] Canova F, Ciccarelli M, Ortega E. Do Institutional Changes Affect Business Cycles? Evidence from Europe [J]. *Journal of Economic Dynamics and Control*, 2012, 36 (10): 1520 – 1533.

［32］ Julio B, Yook Y. Political Uncertainty and Corporate Investment Cycles ［J］. *Journal of Finance*, 2012, 67 (1): 45 – 83.

［33］ 刘树成, 张晓晶, 张平. 实现经济周期波动在适度高位的平滑化 ［J］. 经济研究, 2005 (11): 10 – 21, 45.

［34］ 陈乐一. 我国经济周期阶段与持续繁荣 ［M］. 北京: 人民出版社, 2007: 91 – 93.

［35］ Bigio S, Booth R, Chang R, et al. Endogenous Liquidity and the Business Cycle ［J］. *American Economic Review*, 2015, 105 (6): 1883 – 1927.

［36］ 邓红亮, 陈乐一. 劳动生产率冲击、工资粘性与中国实际经济周期 ［J］. 中国工业经济, 2019 (1): 23 – 42.

［37］ Hartman R. The Effect of Price and Cost Uncertainty on Investment ［J］. *Journal of Economic Theory*, 1972, 5 (2): 258 – 266.

［38］ Abel A. Optimal Investment under Uncertainty ［J］. *American Economic Review*, 1983, 73 (1): 228 – 233.

［39］ Bloom N. The Real Options Effect of Uncertainty on Investment and Labor Demand ［R］. IFS Working Paper No. W00/15, 2001.

［40］ Born B, Pfeifer J. Policy Risk and the Business Cycle ［J］. *Journal of Monetary Economics*, 2014, 68 (1): 68 – 85.

［41］ Lee J. Does an Aggregate Increase in Idiosyncratic Volatility Cause a Recession? ［D］. Department of Economics, Emory University (Atlanta), 2013.

［42］ Segal G, Shaliastovich I, Yaron A. Good and Bad Uncertainty: Macroeconomic and Financial Market Implications ［J］. *Journal of Financial Economics*, 2015, 117 (2): 369 – 397.

［43］ Han S, Pennings E, Bekkum S V. Real Options and Institutions ［J］. *Journal of International Business Studies*, 2017, 48 (5): 620 – 644.

［44］ Kulatilaka N, Perotti E C. Strategic Growth Options ［J］. *Manage-*

ment Science, 1998, 44 (8): 1021 – 1031.

[45] Doshi H, Kumar P, Yerramilli V. Uncertainty and Capital Investment: Real Options or Financial Frictions? [J]. *Management Science*, forthcoming, 2017.

[46] Bernanke B S. Irreversibility, Uncertainty, and Cyclical Investment [J]. *Quarterly Journal of Economics*, 1983, 98 (1): 85 – 106.

[47] Dixit A K, Pindyck R S. Investment under Uncertainty [J]. *Journal of Finance*, 1994, 49 (5): 659 – 681.

[48] Stokey N L. Wait-and – See: Investment Options under Policy Uncertainty [J]. *Review of Economic Dynamics*, 2016, 21 (7): 246 – 265.

[49] Arellano C, Bai Y, Kehoe P. Financial Markets and Fluctuations in Uncertainty [C]. Meeting Papers 896, Society for Economic Dynamics, 2011.

[50] Christiano L J, Rostagno M. Risk shocks [J]. *American Economic Review*, 2013, 104 (1): 27 – 65.

[51] Fajgelbaum P, Schaal E, Taschereau – Dumouchel M. Uncertainty Traps [J]. *Quarterly Journal of Economics*, 2017, 132 (4): 1641 – 1692.

[52] Carroll C D, Samwick A A. How Important is Precautionary Saving? [J]. *Review of Economics & Statistics*, 2000, 80 (3): 410 – 419.

[53] Gourinchas P O, Parker J A. The Empirical Importance of Precautionary Saving [J]. *American Economic Review*, 2001, 91 (2): 406 – 412.

[54] Challe E, Ragot X. Precautionary Saving over the Business Cycle [J]. *Economic Journal*, 2015, 126 (590): 135 – 164.

[55] Caballero R J, Pindyck R S. Uncertainty, Investment, and Industry Evolution [J]. *International Economic Review*, 1996, 37 (3): 641 – 662.

[56] Kalckreuth U V. Exploring the Role of Uncertainty for Corporate Investment Decisions in Germany [C]. Deutsche Bundesbank, Economic Re-

search Center，Discussion Paper No. 5/00，2000.

［57］ Bond S R，Cummins J G. Uncertainty and Investment：An Empirical Investigation Using Data on Analysts' Profits Forecasts ［R］. FEDS Working Paper No. 2004 - 20，2004.

［58］ Wu G. Uncertainty，Investment and Capital Accumulation：A Structural Econometric Approach ［D］. University of Oxford，2009.

［59］ Bloom N. The Impact of Uncertainty Shocks：Firm Level Estimation and a 9/11 Simulation ［R］. LSE Research Online Documents on Economics，2006.

［60］ Bloom N. The Impact of Uncertainty Shocks ［J］. *Econometrica*，2009，77（3）：623 - 685.

［61］ Aastveit K A，Natvik G J，Sola S. Economic Uncertainty and the Effectiveness of Monetary Policy ［R］. Norges Bank Working Paper 89（5）：447 - 489，2013.

［62］ Bachmann，Rüdiger，Elstner S，Sims E R. Uncertainty and Economic Activity：Evidence from Business Survey Data ［J］. *American Economic Journal*：*Macroeconomics*，2013，5（2）：217 - 249.

［63］ Bloom N，Floetotto M，Jaimovich N，et al. Really Uncertain Business Cycles ［J］. *Econometrica*，2018，86（3）：1031 - 1065.

［64］ Soojin J O. The Effects of Oil Price Uncertainty on Global Real Economic Activity ［J］. *Journal of Money*，*Credit and Banking*，2014，46（6）：1113 - 1135.

［65］ Bachmann R，Bayer C. "Wait-and-see" Business Cycles? ［J］. *Journal of Monetary Economics*，2013，60（6）：704 - 719.

［66］ Johannsen B K. When are the Effects of Fiscal Policy Uncertainty Large? ［R］. FEDS Working Paper，No. 2014 - 40，2014.

［67］ 金雪军，钟意，王义中. 政策不确定性的宏观经济后果 ［J］. 经济理论与经济管理，2014，（2）：17 - 26.

［68］孙永强，尹力博，杜勇宏．经济政策不确定性对经济波动的动态影响［J］．经济社会体制比较，2018，（6）：129－137．

［69］Mumtaz H, Zanetti F. The Impact of the Volatility of Monetary Policy Shocks［J］. *Journal of Money, Credit and Banking*, 2013, 45（4）：535－558.

［70］Wu J C, Xia F D. Measuring the Macroeconomic Impact of Monetary Policy at the Zero Lower Bound［J］. *Journal of Money, Credit and Banking*, 2016, 48（2－3）：253－291.

［71］Handley K. Exporting under Trade Policy Uncertainty：Theory and evidence［J］. *Journal of International Economics*, 2014, 94（1）：50－66.

［72］陈乐一，杨云．经济体制改革对经济周期波动的调节和缓解作用研究［J］．经济社会体制比较，2016，（3）：153－165．

［73］Rodrik D. Policy Uncertainty and Private Investment in Developing Countries［J］. *Journal of Development Economics*, 1989, 36（2）：229－242.

［74］Hassett K A, Metcalf G E. Investment with Uncertain Tax Policy：Does Random Tax Policy Discourage Investment?［J］. *Economic Journal*, 1999, 109（457）：372－393.

［75］陈国进，王少谦．经济政策不确定性如何影响企业投资行为［J］．财贸经济，2016（5）：5－21．

［76］亚琨，罗福凯，李启佳．经济政策不确定性、金融资产配置与创新投资［J］．财贸经济，2018，39（12）：95－110．

［77］许罡，伍文中．经济政策不确定性会抑制实体企业金融化投资吗［J］．当代财经，2018，（9）：114－123．

［78］才国伟，吴华强，徐信忠．政策不确定性对公司投融资行为的影响研究［J］．金融研究，2018，（3）：89－104．

［79］Romer C D, Romer D H. The Macroeconomic Effects of Tax Changes：Estimates Based on a new Measure of Fiscal Shocks［J］. *American Eco-*

nomic Review，2010，100（3）：763 – 801.

［80］龚旻，甘家武，蔡娟. 税收政策不确定性与地区经济波动——基于中国市级面板数据的实证检验［J］. 云南财经大学学报，2018，34（3）：13 – 24.

［81］Bekaert G，Hoerova M，Lo Duca M. Risk，Uncertainty and Monetary Policy［J］. *Journal of Monetary Economics*，2013，60（7）：771 – 788.

［82］许志伟，王文甫. 经济政策不确定性对宏观经济的影响——基于实证与理论的动态分析［J］. 经济学（季刊），2019，18（1）：23 – 50.

［83］田磊，林建浩，张少华. 政策不确定性是中国经济波动的主要因素吗——基于混合识别法的创新实证研究［J］. 财贸经济，2017，38（1）：5 – 20.

［84］Colombo V. Economic Policy Uncertainty in the US：Does it Matter for the Euro Area？［J］. *Economics Letters*，2013，121（1）：39 – 42.

［85］Bhattarai S，Chatterjee A，Park W Y. Global Spillover Effects of US Uncertainty［J］. Social Science Electronic Publishing，2017.

［86］Claeys P. Uncertainty Spillover and Policy Reactions［J］. *Ensayos Sobre Política Económica*，2017，35（SPE82）.

［87］屈文洲，崔峻培. 宏观不确定性研究新进展［J］. 经济学动态，2018，（3）：126 – 138.

［88］马克思. 资本论（第二卷）［M］. 北京：人民出版社，1975：207.

［89］马克思，恩格斯. 马克思恩格斯文集（第一卷）［M］. 北京：人民出版社，2009：682.

［90］Burns A F，Mitchell W C. The Basic Measures of Cyclical Behavior［J］. *Measuring Business Cycles*，1946：115 – 202.

［91］保罗·萨缪尔森，威廉·诺德豪斯. 经济学：第十七版［M］. 北京：人民邮电出版社，2004.

［92］Morley J，Piger J. The Asymmetric Business Cycle ［J］. *Review of Economics & Statistics*，2012，94（1）：208 – 221.

［93］Blinder A S，Fischer S. Inventories，Rational Expectations，and the Business Cycle ［J］. *Journal of Monetary Economics*，1978，8（3）：277 – 304.

［94］Cagan P. The Monetary Dynamics of Hyperinflation ［J］. In：Friedman，M.，Ed.，Studies in the Quantity Theory of Money，University of Chicago Press，Chicago，1956.

［95］蒋自强，史晋川等. 当代西方经济学流派（第二版）［M］. 上海：复旦大学出版社，2001：147 – 155.

［96］Muth J. Rational Expectations and the Theory of Price Movements ［J］. *Econometrica*，1961，29：315 – 335.

［97］Samuelson P A. Interactions between the Multiplier Analysis and the Principle of Acceleration ［J］. *Review of Economics & Statistics*，1939，21（2）：75 – 78.

［98］Samuelson P A. A Synthesis of the Principle of Acceleration and the Multiplier ［J］. *Journal of Political Economy*，1939，47（6）：786 – 797.

［99］小罗伯特·E. 卢卡斯. 经济周期理论研究 ［M］. 北京：商务印书馆，2000.

［100］Bloom N，Bond S，Van Reenen J. Uncertainty and Investment Dynamics ［J］. *Review of Economic Studies*，2007，74（2）：391 – 415.

［101］Saijo，Hikaru. The Uncertainty Multiplier and Business Cycles ［J］. *Journal of Economic Dynamics and Control*，2017，78：1 – 25.

［102］Krol，Robert. Economic Policy Uncertainty and Exchange Rate Volatility ［J］. *International Finance*，2014，17（2）：241 – 256.

［103］Auboin M，Ruta M. The Relationship between Exchange Rates and International Trade：a Literature Review ［J］. *World Trade Review*，2013，12（3）：29.

［104］董德志，柯聪伟. EPU 指数在经济判断和市场预测中的应用
［J］. 债券，2015，（5）：65－68.

［105］高铁梅，陈磊，王金明，张同斌. 经济周期波动分析与预测
方法［M］. 北京：清华大学出版社，2015.

［106］Baxter M，King R G. Measuring Business Cycles Approximate
Band－Pass Filters for Economic Time Series［J］. *Review of Economics & Statistics*，1999，81（4）：575－593.

［107］刘保枝. 我国 GDP 增长率序列的趋势周期分解及分析［D］.
大连：东北财经大学，2017.

［108］Hodrick R J，Prescott E C. Postwar U. S. Business Cycles：An
Empirical Investigation［J］. Social Science Electronic Publishing，1997，29
（1）：1－16.

［109］刘金全，于洋，刘汉. 经济新常态下中国增长型经济周期的
波动性与持续性研究［J］. 吉林大学社会科学学报，2017，（3）：7－18，
206.

［110］Westerlund J. Testing for Error Correction in Panel Data［J］. *Oxford Bulletin of Economics & Statistics*，2006，69（6）：709－748.

［111］Ludvigson，Sydney C. and Ma，Sai and Ng，Serena. Uncertainty
and Business Cycles：Exogenous Impulse or Endogenous Response？（December 2015）. NBER Working Paper No. w21803.

［112］顾夏铭，陈勇民，潘士远. 经济政策不确定性与创新——基
于我国上市公司的实证分析［J］. 经济研究，2018，53（2）：109－123.

［113］Driscoll J C，Kraay A C. Consistent Covariance Matrix Estimation
with Spatially Dependent Panel Data［J］. *Review of Economics & Statistics*，
1998，80（4）：549－560.

［114］White H A. Heteroskedasticity－Consistent Covariance Matrix Estimator and a Direct Test for Heteroskedasticity［J］. *Econometrica*，1980，48
（4）：817－838.

［115］Newey W, West K. A Simple, Positive Semi – Definite, Heteroskedasticity: An Autocorrelation Consistent Covariance Matrix ［J］. *Econometrica*, 1987, 55 (3): 703 – 708.

［116］Diebold F X, Yilmaz K. Better to Give Than to Receive: Predictive Directional Measurement of Volatility Spillovers ［J］. *International Journal of Forecasting*, 2012, 28 (1): 57 – 66.

［117］Koop G, Pesaran H, Potter S. Impulse Response Analysis in Nonlinear Multivariate Models ［J］. *Journal of Econometrics*, 1996, 74 (1): 119 – 147.

［118］Pesaran H, Shin Y. Generalized Impulse Response Analysis in Linear Multivariate Models ［J］. *Economics Letters*, 1998, 58 (1): 17 – 29.

［119］Klößner S, Wagner S. Exploring All Var Ordering for Calculating Spillovers? Yes, We Can! – A note on Diebold and Yilmaz (2009) ［J］. *Journal of Applied Econometrics*, 2014, 29 (1): 172 – 179.

［120］Koenker R, Bassett G. Regression Quantiles ［J］. *Econometrica*, 1978, 46 (1): 33 – 50.

［121］Pesaran M H, Smith L V, Smith R P. What if the UK or Sweden had Joined the Euro in 1999? An Empirical Evaluation Using a Global VAR ［J］. *International Journal of Finance & Economics*, 2007, 12 (1): 55 – 87.

［122］Smith L V, Galesi A. GVAR Toolbox 2. 0 (2014), https://sites. google. com/site/gvarm-odelling/gvar-toolbox.

［123］陈乐一, 李星. 国际经济周期理论研究新进展 ［J］. 经济学动态, 2010, (3): 93 – 97.

［124］Antonakakis N, Tondl G. Does Integration and Economic Policy Coordination Promote Business Cycle Synchronization in the EU? ［J］. *Empirica*, 2014, in Press (3): 541 – 575.

［125］Imbs J. Trade, Finance, Specialization and Synchronization ［J］.

The Review of Economics and Statistics，2004，86（3）：723 – 734.

［126］刘德学，陈定. 政府干预能力差异与经济周期协同——基于中国及其主要贸易伙伴的实证研究［J］. 国际贸易问题，2015，（5）：31 – 40.

［127］Kose M A，Terrones M E. How Does Globalization Affect the Synchronization of Business Cycles?［J］. *American Economic Review*，2003，93（2）：57 – 62.

［128］刘洪铎，陈和. 目的国经济政策不确定性对来源国出口动态的影响［J］. 经济与管理研究，2016，37（9）：18 – 26.

［129］Cerqueira P A，Martins R. Measuring the Determinants of Business Cycle Synchronization Using a Panel Approach［J］. *Economics Letters*，2009，102（2）：106 – 108.

［130］Giovanni J D，Levchenko A A. Putting the Parts Together：Trade，Vertical Linkages，and Business Cycle Comovement［J］. *American Economic Journal Macroeconomics*，2008，2（2）：95 – 124.

［131］Eric C. Y. Ng. Production Fragmentation and Business – Cycle comovement［J］. *Journal of International Economics*，2010，82（1）：1 – 14.

［132］肖威，刘德学. 垂直专业化分工与经济周期的协同性——基于中国和主要贸易伙伴的实证研究［J］. 国际贸易问题，2013，（3）：35 – 45.